SpringerWien

Viktoria Hausegger

# Erfolgreiches Marketing für die Arztpraxis

- verständlich
- zielgerichtet
- leicht umsetzbar

SpringerWienNewYork

**Viktoria Hausegger**

Agenturinhaberin von
mehr.wert.
für ärzte und apotheker
marketing, das gezielt bewegt
www.mehrwertmarketing.at

© 2007 Springer-Verlag/Wien • Printed in Austria
Springer-Verlag Wien New York ist ein Unternehmen von
Springer Science+Business Media
springer.at

Layout: Springer-Verlag, Wien
Satz: Grafik Rödl, 2486 Pottendorf, Österreich
Druck: Holzhausen Druck & Medien GmbH, 1140 Wien, Österreich

Gedruckt auf säurefreiem, chlorfrei gebleichtem Papier – TCF
SPIN: 11959199

Mit 12 Abbildungen

**Bibliografische Information der Deutschen Nationalbibliothek**
Die Deutsche Nationalbibliothek verzeichnet diese Publikation in der Deutschen Nationalbibliografie; detaillierte bibliografische Daten sind im Internet über http://dnb.d-nb.de abrufbar.

ISBN-13   978-3-211-69774-0  Springer-Verlag Wien New York

# Vorwort

Sie wissen es längst: Die Herausforderungen, vor denen Sie als Arzt und Unternehmer stehen, sind größer als je zuvor. Für immer mehr ärztliche Leistungen übernehmen die Krankenkassen zunehmend weniger oder gar keine Kosten mehr. Die Menschen werden sich in Zukunft noch mehr als bisher selbst aktiv um ihre Gesundheit kümmern (müssen), denn der Staat wird immer weniger dazu beitragen (können).

Der Patient hat heute mehr „Auswahl" denn je und sucht sich die Praxis, in der er behandelt werden will, gut aus. Viele „leisten" sich medizinische Angebote und Serviceleistungen in den Nachbarländern, nehmen als erste Anlaufstelle für medizinischen Rat die offensiv propagierten Serviceleistungen von Apotheken an oder vertrauen auf Heilpraktiker. Die Bereitschaft, für ein gesundes Leben und die dafür notwendigen Präventivmaßnahmen Geld auszugeben, steigt. Früher ging man zum Arzt, um gesund zu werden, heute setzt man auf Früherkennung und Prävention. Damit avanciert der Arzt auch immer mehr zum Partner für die Erhaltung der Gesundheit.

Auf Grund dieser Entwicklungen nehmen Patientinnen und Patienten „ihren" Arzt immer stärker als privaten Dienstleister wahr. Jeder möchte für „sein Geld eine gute Leistung bekommen", kompetent und freundlich behandelt werden, sowohl im medizinischen als auch im persönlichen Sinn.

Ob es gefällt oder nicht: Es führt kein Weg daran vorbei, sich diesen Veränderungen zu stellen. Kaum ein anderer Markt wird in den kommenden Jahren derart von Umwälzungen betroffen sein wie der Gesundheitsmarkt. Doch genau darin liegt auch eine große Chance!

Dieses Buch soll aufzeigen, was Marketing wirklich ist. Entsprechend dem dienstleistungs- und damit kundenorientierten Marketingansatz ist es als einführende Lektüre für den Anwender im Unternehmen Arztpraxis konzipiert. Wer die wesentlichen Grundelemente, Werkzeuge und Möglichkeiten des Marketings kennt, erkennt auch sofort, warum Marketing nicht verboten sein kann. Ganz im Gegenteil, ist es ein unverzichtbarer Bestandteil guten Praxismanagements. Eingearbeitete Tipps und Checklisten sollen Ihnen bei der Erstellung Ihres individuellen Marketingkonzeptes helfen.

*Viktoria Hausegger*

# Inhalt

# Inhalt

# Inhalt

# Einleitung

## DER ARZT ALS UNTERNEHMER

Neben den rein fachlichen Aufgaben ist Praxismanagement für „den Arzt von heute" bereits selbstverständlich. Darunter fallen Planung, Organisation, Qualitätsmanagement, Administration und Kontrolle. Doch es gibt noch eine weitere Aufgabe für das Unternehmen „Arztpraxis", die bisher wenig professionell wahrgenommen wird: das Praxis-Marketing.

Praxis-Marketing wird oft gleichgesetzt mit verbotenem, unstandesgemäßem und „marktschreierischem Auftreten" und ist daher für viele Ärzte undenkbar. Lange Zeit waren Aussagen wie

- „Wer gut ist, braucht keine Werbung" oder
- „Werbung ist Ärzten nicht erlaubt ... und deshalb ist Praxis-Marketing überflüssig"

häufig zu hören.

Aus meiner Beratungspraxis weiß ich, dass Marketing fälschlicher Weise meist als Synonym für Absatz bzw. Verkauf oder Werbung verstanden wird. Dies wird dem Grundgedanken des Marketings aber in keinster Weise gerecht: „Für den *Absatz* gilt ebenso wie für das *Marketing*: Neben den ökonomischen Aspekten sind auch soziologische, psychologische und verhaltenswissenschaftliche Überlegungen von großer Bedeutung. Gerade auf dem Gesundheitsmarkt ist es unbefriedigend, nur die rein ökonomische Seite zu betrachten."[1]

Nur wenige betriebswirtschaftliche Fachbegriffe werden so oft so falsch verwendet wie der Begriff *Marketing*. Setzt man sich mit Marketing al-

---

1 Quelle: Frank Elste, „Arzt und Marketing", 2003, Springer-Verlag.

lerdings einmal näher auseinander, wird sofort klar, dass es sich um ein ganzheitliches Konzept handelt, das nur dann Erfolg bringen kann, wenn es täglich in der Praxis gelebt wird. Das einstige „nice to have" ist längst Notwendigkeit geworden.

Professionelles Marketing für Ärzte hat absolut nichts mit „schreierischem Auftreten" zu tun, es ist wesentlich mehr als nur Werbung und Promotion. Werbung stellt nur eines von vielen Marketinginstrumenten dar, die – je nach Zielsetzung und Strategie – eingesetzt werden.

Es gibt viele Argumente, warum Marketing für Arztpraxen heute notwendig ist. Obwohl es in der Beraterszene gegenwärtig weit verbreitet ist, Marketing-Einheitsrezepte zu verteilen, werden Sie auf den folgenden Seiten keine Patentrezepte für Ihr Praxismarketing finden.

Denn: Standard-Tipps helfen einzig und allein den Beratern, die sie „verordnen". Damit ersparen sie sich eine detaillierte Auseinandersetzung mit dem Kunden und dessen Umfeld.

Jedem das Gleiche zu empfehlen, ermöglicht zwar den Beratern, „einfach und rasch Geld zu verdienen", bringt den Auftraggebern letztlich aber nur eines: Enttäuschung. Einheitliche Marketingrezepte sind nicht nur fehl am Platz, wenn es um die Planung des Images und der Einzigartigkeit einer Praxis als Basis für deren Erfolg geht, sondern auch gefährlich.

Praxis-Marketing ist also keine einmalige Aktion, sondern ein sich ständig wandelnder, unentwegt entwickelnder Prozess, der alles beinhaltet, was zur Förderung des Praxiserfolges getan werden kann, alles was hilft, Patienten zu zufriedenen Stammpatienten zu machen. Erfolgverspre-

chendes Praxis-Marketing bedeutet in erster Linie, ständig patientenorientiert zu denken und zu handeln. Auch nach der Ordinationsgründung
sollten Sie nicht damit aufhören, sich Gedanken zu den unternehmerischen Aktivitäten und wirtschaftlichen Belangen Ihrer Praxis zu machen.

# Welche Aufgaben hat das Marketing?

Praxis-Marketing beeinflusst praktisch alles, was auf der Ertragsseite einer Ordination geschieht und hat nur eine einzige Aufgabe: Den Erfolg durch gezielte Patientenorientierung nachhaltig zu sichern!

Der US-Ökonom und Pionier der modernen Managementlehre, Peter Drucker, verdeutlichte dies wie folgt: „Marketing ist so grundlegend, dass man es nicht als separate betriebliche Funktion sehen darf. Marketing umfasst das gesamte Unternehmen, und zwar vom Ergebnis her betrachtet – das heißt vom Standpunkt des Kunden."

- Marketing bezeichnet jedes unternehmerische Planen und Handeln, das sich am Markt orientiert.
- Um Marketing zu betreiben, brauchen Sie nicht unbedingt wissenschaftliche Methoden zu kennen.
- Vieles geschieht mit Hilfe genauer Beobachtung und durch Hineinversetzen in die zukünftigen Kunden.

Genau das gilt auch für das Unternehmen Arztpraxis! Der Leitgedanke des Marketings lautet: „Der Kunde ist König!" Für die Ärzteschaft bedeutet dies: „Der Patient ist König." Daher muss sich auch Praxismarketing bei allem, was in der und rund um die Praxis geschieht, mit **zwei zentralen Fragen** auseinandersetzen:

- Wo liegt der Nutzen für den Patienten?
- Wo liegt der Nutzen für das Unternehmen Arztpraxis?

Praxis-Marketing beginnt schon mit den ersten Überlegungen eines Arztes, sich niederzulassen. Auch die Definition der Patientengruppen, Standortanalyse, Standortwahl, Entwicklung des Leistungsangebotes, der Serviceleistungen bis hin zur Gestaltung und Einrichtung sind feste Bestandteile eines Marketingkonzepts.

Ebenso müssen Patientenpotenzial im Umfeld, betriebswirtschaftliche Gesichtspunkte und letztlich auch Fragen der Lebensplanung des Arztes in die Planung mit einfließen. Was nicht „harmonisch" ist, gefährdet den Erfolg einer Niederlassung.

Zur Entscheidungsfindung muss der Markt beobachtet und erforscht werden, was gewünscht wird und lohnend ist. Bereits hier passiert einer der häufigsten Marketing-Fehler: Man beschränkt sich auf ein Leistungsspektrum, das fast alle anderen auch bieten. So wird der Arzt als Dienstleister aber austauschbar, es fehlt das einzigartige, unverwechselbare Profil – oder einfacher ausgedrückt: Es fehlen triftige Gründe, warum ein Patient gerade Ihre Praxis wählen soll. Deshalb ist es wichtig, dass Sie ein Marketingkonzept erarbeiten, das den Anforderungen möglichst vieler Marktteilnehmer gerecht wird und die Erwartungen sogar übertrifft.

Anschließend an diese konzeptionelle Phase muss die menschliche Komponente zum Tragen kommen. „Professionelle Kommunikation" ist dabei das entscheidende Stichwort. Als Teil des Marketingkonzeptes schafft die Kommunikation mit Patienten, Mitarbeitern, Zuweisern und Öffentlichkeit Ihren Praxisstil, die unverwechselbare Praxisidentität. Sie entscheiden, wie Sie wahrgenommen werden!

Heute ist es mehr denn je notwendig, kontinuierlich an Praxisstil und -identität zu arbeiten.

Am besten prüfen Sie in regelmäßigen Abständen, ob Angebot, Zusatzleistungen und Service zu optimieren sind. Laufend sind kreative Ideen einzubringen, um sich mit einer immer weiter verbesserten Dienstleistung für die Patienten positiv von der wachsenden Konkurrenz am Gesundheitsmarkt abzuheben.

So schaffen Sie es auch, dass die Freude an der Tätigkeit ständig wächst. Eine authentische Praxisidentität hilft Ihnen und Ihren Mitarbeitern, auch schwierige Situationen professionell zu meistern, stolz zu sein auf das, was Sie täglich leisten. Im besten Fall sorgt sie dafür, dass sich alle Beteiligten als etwas Besonderes wahrnehmen.

## Die 10 größten Fehler im Ärzte-Marketing[1]

Es ist nicht Aufgabe des Marketings, zu verkaufen. Marketing soll seine eigentliche Funktion erfüllen: die Ordinationsstrategie bestimmen, denn davon profitieren alle – die Patienten, die Mitarbeiter und der Praxisinhaber. Damit dies auch gelingt, nachfolgend eine Übersicht der 10 größten Fehler im Marketing:

1. Ihre Praxis ist nicht ausreichend Markt- und Patienten-orientiert.
2. Ihre Praxis „versteht" Ihre Zielpatienten/Zielgruppen nicht.
3. Sie wissen nicht, was Kollegen und Mitbewerber machen.
4. Ihre Praxis vernachlässigt das Aufspüren neuer Möglichkeiten.
5. Die Planung Ihres Praxismarketings funktioniert nicht.
6. Leistungen und Service sind unzureichend.
7. Markenaufbau und Kommunikation(-sfähigkeit) sind mangelhaft.
8. Ihr „Unternehmen Arztpraxis" ist für effektives und effizientes Praxismarketing nicht gut genug organisiert.
9. Ihre Praxis nutzt die Möglichkeiten der modernen Technologie nicht ausreichend.
10. Sie sind der Meinung, auch im Marketing könnten Sie alles allein machen.

---

1 Nach Philip Kotler, 2005, Econ.

# Der Marketingprozess

Heute ist bereits vielen Ärzten klar, dass „sie etwas tun müssen". Allzu oft wird aber „das Pferd von hinten aufgezäumt": Von Anfang an werden Maßnahmen gesetzt, ohne sich zuvor mit der Zielbestimmung und der Strategie, wie diese Ziele zu erreichen sind, auseinander gesetzt zu haben. Marketing dreht sich um folgende Fragen:

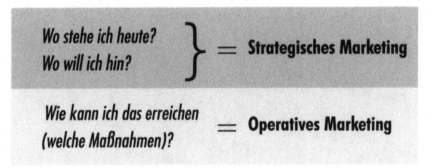

**Wo stehe ich heute?**
**Wo will ich hin?** } = **Strategisches Marketing**

**Wie kann ich das erreichen**
**(welche Maßnahmen)?** = **Operatives Marketing**

## Die vier Hauptschritte des Marketings

Um für eine Arztpraxis ein erfolgreiches Marketingkonzept erstellen zu können, sind klar umrissene Schritte zu setzen, und zwar einer nach dem anderen. Die vier Hauptschritte des Marketingprozesses sind:

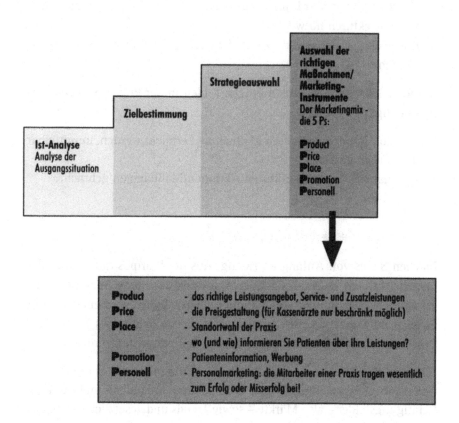

Ist-Analyse
Analyse der
Ausgangssituation

Zielbestimmung

Strategieauswahl

Auswahl der
richtigen
Maßnahmen/
Marketing-
Instrumente
Der Marketingmix -
die 5 Ps:

Product
Price
Place
Promotion
Personell

| Product | - das richtige Leistungsangebot, Service- und Zusatzleistungen |
| Price | - die Preisgestaltung (für Kassenärzte nur beschränkt möglich) |
| Place | - Standortwahl der Praxis |
| | - wo (und wie) informieren Sie Patienten über Ihre Leistungen? |
| Promotion | - Patienteninformation, Werbung |
| Personell | - Personalmarketing: die Mitarbeiter einer Praxis tragen wesentlich zum Erfolg oder Misserfolg bei! |

Diese vier Bereiche des Marketingprozesses sowie die einzelnen Maßnahmen müssen, wie alle anderen unternehmerischen Schritte auch, betriebswirtschaftlichen gesteuert werden, und zwar durch

- **Planung:** Welche Schritte sind in welchem Zeitraum, mit welchen
  Mitteln zu setzen?
- **Durchführung:** Wird planungs- und zeitgerecht umgesetzt? Sind
  Kurskorrekturen notwendig?
- **Kontrolle:** Ist der erwartete Nutzen eingetreten? Muss nachgebessert
  werden?

Die folgenden grundlegenden Fragen finden in der Praxis oft keine Be-
rücksichtigung:

- Was soll mit den geplanten Maßnahmen erreicht werden, unmittelbar
  und auf lange Sicht?
- Was haben die durchgeführten Aktionen/Maßnahmen gebracht?

## Die Analyse der Ausgangssituation

Machen Sie es von Anfang an richtig. Aus der Startposition erfolgt der
erste Schritt: die Ist-Analyse. Jeder Arzt weiß, dass ohne Anamnese eine
erfolgreiche Behandlung von Patienten nicht möglich ist. Genau so läuft
es auch im Marketing. Die Analyse ist der erste Schritt des Marketing-
Prozesses, die Ausgangssituation muss genau betrachtet werden.

Für eine erfolgreiche und wirksame Marketingplanung sind Informationen über Entwicklungen, z.B. über bereits vorhandene und künftige
Betätigungsfelder – also Märkte – sowie Trends und gesetzliche Rahmenbedingungen, notwendig. Im Mittelpunkt dieser „externen Analyse" steht
das Umfeld.

Die „interne Analyse" beschäftigt sich mit Informationen über die eigene Praxis. Für eine aussagekräftige Situationsanalyse ist die Beantwortung folgender Fragen erforderlich:

- **Marktdefinition:** In welchem Bereich (Markt) bin ich tätig? Wie grenzt sich mein Bereich von anderen Bereichen im Gesundheitswesen ab?
- **Patient:** Wer sind meine Patienten? Was wollen die Patienten?
- **Die Praxis:** Wer sind wir? Was wollen wir? Wo stehen wir heute? Was sind die Stärken und Schwächen unserer Praxis?
- **Mitbewerb:** Was machen die Kollegen? Wie sieht die Mitbewerbssituation aus? Wer ist unmittelbarer Mitbewerber? Was sind dessen Stärken und Schwächen?
- **Entwicklungen:** Welche Entwicklungen/Trends sind sowohl am medizinischen Sektor als auch in der Politik und im Gesundheitswesen zu beachten? Wo liegen Chancen und Risiken?

Ein umfassender Check ermöglicht Ihnen, einen konkreten „Status quo" zu ermitteln (siehe Checklist). Auf dieser Basis kann die Planung erfolgen und bis zu einem festgelegten Zeitpunkt die gewünschten Verbesserungen eingeleitet werden.

# CHECKLIST

- Wie setzt sich Ihr Leistungsangebot zusammen?
- Bieten Sie Zusatzleistungen? Wenn ja – welche? Wenn nein – warum nicht?
- Bestehen Kooperationen, die Sie dabei unterstützen, Ihre Ziele zu erreichen?
- Wie steht es um die zuweisenden Kollegen? Werden Sie empfohlen? Wenn ja – von wem? Welche Patienten kommen durch die Empfehlungen zu Ihnen?
- Trends (Patientenanforderungen, Entwicklungen des Umfeldes, technische Entwicklungen)
- Direkter Mitbewerb (Kollegen)
- Latenter Mitbewerb (Apotheken, Pharmafirmen, Internet-Angebote)
- Patientenverhalten
- Welche Patientengruppen werden auch in Zukunft verstärkt Ihre Leistungen benötigen und stellen damit ein Potenzial für den Erfolg Ihrer Praxis dar?
- Patientendaten: Was wissen Sie über Ihre Patienten? Welche Informationen benötigen Sie, um Ihren Patienten passende Leistungen/Service anbieten zu können?
- Wie setzt sich die Patientenstruktur zusammen?
- Welche Maßnahmen zur Steigerung der Patientenloyalität können Sie treffen?
- Welche Serviceleistungen bieten Sie Ihren Patienten?
- Wie ist Ihr Image?
- Wie hoch ist Ihr Bekanntheitsgrad?
- Haben Sie eine aussagekräftige Praxisphilosophie?
- Wodurch unterscheiden Sie sich von anderen Arztpraxen?
- Wie treten Sie nach außen hin auf? Vermitteln Sie ein professionelles Bild von Ihrer Praxis?
- Was vermitteln Ihre Patienteninformationen/Werbematerialien?
- Was erleben die Patienten in Ihrem Wartezimmer? Wie lange müssen sie warten?
- Wie geht es Ihren Mitarbeitern?

Aus all diesen Informationen ergeben sich klar und deutlich **Stärken und Schwächen bzw. Chancen und Risiken** für Ihr Unternehmen Arztpraxis! Das Ergebnis zeigt einen klaren Status quo und stellt somit die unverzichtbare Basis für die unternehmerische Planung Ihrer Praxis dar.

Viele Ärzte meinen: „Wir wissen ohnehin in etwa über unsere Patienten Bescheid, wir haben ja schließlich täglich mit ihnen zu tun". Natürlich, haben Sie einen Überblick – in etwa. Genaue Informationen über Ihre Patienten-Neuzugänge, den Anteil an Privatpatienten oder gegebenenfalls eine schleichende Überalterung des Patientenstammes lasen sich allerdings nur mit entsprechenden Auswertungen gewinnen.

Patientenanalysen können für unterschiedliche Zwecke eingesetzt werden. Grundsätzlich geht es darum, dass Sie Ihre derzeitigen Patienten besser kennen lernen und erkennen, wie Sie diese glücklicher machen können, so dass Sie Ihre Patienten bleiben und sich eine gegenseitige Partnerschaft entwickelt. Patienten, die sich beschweren, sind wertvoll, auch wenn das nicht gleich erkennbar ist. Aber diese Patienten „sehen" etwas, das Ihnen und Ihren Mitarbeitern bisher offenbar entgangen ist.

## Neue Patienten finden

Darüber hinaus können Sie mit Hilfe der Patientenanalyse auch potenzielle neue Patienten identifizieren und charakterisieren. Eine derartige Analyse liefert Antworten auf folgende Fragen:

1. Welche Anforderungen haben unsere Patienten?
2. Wie können wir unsere Patienten stärker an uns binden?
3. Welchen Patienten(-gruppen) müssen wir welche Aufmerksamkeit zukommen lassen?

4 Wie behandeln wir diese entsprechend unterschiedlich?

5 Wie können wir uns gegenüber unseren Patienten im Vergleich zum Wettbewerb (Kollegen) besser positionieren?

6 Welche anderen Patienten wären für uns interessant?

7 Wie können wir diese potenziellen Patienten für uns gewinnen?

## Die Patientenbefragung

Die Patientenbefragung ist ein hervorragendes Instrument, um sich – in regelmäßigen, nicht zu knappen Abständen – Klarheit über diese Bereiche zu verschaffen. Aber Achtung! Um ein brauchbares Ergebnis zu erhalten, müssen die Fragen „richtig" gestellt werden!

Sehr oft sehe ich im Rahmen meiner Beratungstätigkeit Patientenfragebögen im Einsatz, die kein Ergebnis bringen können. Muss der Patient beispielsweise zwei Punkte in einer einzigen Frage beantworten, ist kein klares Ergebnis zu erwarten. Ein Beispiel dazu: Sind unsere Mitarbeiter freundlich und qualifiziert? – Was soll nun definitiv beantwortet werden?

**TIPP**

Jede Frage Ihres Patientenfragebogens darf nur einen einzigen Punkt überprüfen!

Ungünstig ist auch, wenn zu einer Frage eine Beurteilungsskala von 1 bis 5 angeboten wird. Viele Patienten werden die Antwortmöglichkeiten im Mittelfeld – nämlich bei 3 – ankreuzen, weil es bequemer ist, sich in der Mitte zu positionieren, als ein klare Aussage im Bereich „gut" (1 oder 2) oder „schlecht" (4 oder 5) zu treffen. Bieten Sie deshalb immer eine Skala von 1 bis 4 an, damit muss der Patient eine klare Aussage treffen und kann sich nicht im Mittelfeld „einpendeln".

Planen Sie auch offene Fragen ein, die individuell beantwortet werden können. Damit eröffnen Sie die Chance, auf Punkte hingewiesen zu werden, die Sie beim Erarbeiten Ihres Fragebogens vielleicht übersehen haben.

Zum Beispiel:

■ Womit sind Sie besonders zufrieden?
■ Was sollten wir Ihrer Meinung nach verbessern?

Nachfolgend ein positives Beispiel. Es handelt sich dabei um Auszüge aus dem Fragebogen der Stiftung Gesundheit:

■ Wie beurteilen Sie die Sprechstunden unserer Praxis?
    ○ sehr gut           ○ akzeptabel
    ○ gut              ○ schlecht

■ Haben Sie unsere Praxis auf Anhieb gefunden?
    ○ sehr gut           ○ akzeptabel
    ○ gut              ○ schlecht

■ Wie beurteilen Sie die Erreichbarkeit unserer Praxis mit öffentlichen
Verkehrsmitteln?
- ○ sehr gut
- ○ gut
- ○ akzeptabel
- ○ schlecht

■ Wie beurteilen Sie die Parkmöglichkeiten?
- ○ sehr gut
- ○ gut
- ○ akzeptabel
- ○ schlecht

■ Wie beurteilen Sie die Erreichbarkeit für behinderte Menschen?
- ○ sehr gut
- ○ gut
- ○ akzeptabel
- ○ schlecht

### Ausstattung der Praxis

■ Wie beurteilen Sie das Erscheinungsbild der Praxis?
- ○ sehr gut
- ○ gut
- ○ akzeptabel
- ○ schlecht

■ Wie beurteilen Sie die Hygiene und Sauberkeit unserer Praxisräume
und Toiletten?
- ○ sehr gut
- ○ gut
- ○ akzeptabel
- ○ schlecht

### Medizinische Versorgung

■ Wie beurteilen Sie die Freundlichkeit des Arztes/der Ärztin?
- ○ sehr gut
- ○ gut
- ○ akzeptabel
- ○ schlecht

■ Wie beurteilen Sie die Zeit, die sich der Arzt/die Ärztin für Sie genommen hat?

○ sehr gut         ○ akzeptabel

○ gut             ○ schlecht

Positiv ist mir aufgefallen:

_____

_____

_____

Negativ ist mir aufgefallen:

_____

_____

_____

Meine Verbesserungsvorschläge:

_____

_____

_____

Welche Fragen Sie Ihren Patienten stellen, hängt natürlich von Ihrer Praxis und Ihren Zielen ab. Ich möchte Sie hier vor Standardlösungen oder „selbst gebastelten" Fragebögen warnen: Ist diese Analyse nicht auf Ihre Situation zugeschnitten oder sind die Fragen nicht richtig gestellt, erhalten Sie keine brauchbaren Ergebnisse! Im schlimmsten Fall beeinflussen dann sogar total verzerrte Informationen die weiterführende Planung negativ.

**TIPP**

■ Arbeiten Sie im ersten Schritt einen Fragebogen aus – und lassen Sie diesen von einem Profi prüfen. Mit dieser Vorgangsweise sparen Sie sich aufgrund der Vorarbeit einiges an Kosten und können gleichzeitig sicher sein, dass Ihre Befragung auch brauchbare Ergebnisse bringt.

■ Bedanken Sie sich nach einer Patientenbefragung schriftlich bei den Teilnehmern, ein kurzer Brief oder eine Postkarte reichen aus.

■ Informieren Sie Ihre Patienten beispielsweise in einer Patientenzeitschrift, einem e-Mail-Newsletter oder einfach einem Brief in Kürze über das Ergebnis. Geben Sie gleichzeitig bekannt, welche (Verbesserungs-)Maßnahmen Sie planen. So sieht der Patient, dass sein Beitrag nicht „umsonst" war. Dann steigt auch die Bereitschaft, bei der nächsten Befragung wieder mitzumachen.

Ärzte haben oft Angst, Patienten mit einer Befragung zu „belästigen". Wird eine solche allerdings im angemessenen Zeitraum von jeweils etwa zwei Jahren mit einem professionell gestalteten Fragebogen durchgeführt, dann erweist sie sich als hervorragendes Instrument zur Steigerung der Patientenloyalität: Sie signalisieren damit eindeutig, dass Ihnen die Meinung Ihrer Patienten wichtig ist und Sie Wünsche und Beschwerden ernst nehmen!

Sprechen Sie gezielt mit dem Patienten! Fragen Sie, was ihm gefällt, wie er Ihr „Leistungsangebot" sieht, welche Wege er durch die Praxis nimmt, welche Vorstellungen, Erwartungen und Ängste er hat. Wie er mit Wartezeiten umgeht etc. Informieren Sie sich darüber, welche Fragen er an Ihre Mitarbeiter stellt usw. „Erforschen" Sie auch auf diesem Wege, welche Meinung er von Ihrer erbrachten „Dienstleistung" hat, um diese laufend verbessern zu können.[1]

**TIPP**

Platzieren Sie einen „Patienten-Wunsch-Briefkasten" gut sichtbar im Wartezimmer.
Stellen Sie auch Papier und Stifte zur Verfügung. Damit verkürzen Sie Ihren Patienten zum einen die Wartezeit und haben gleichzeitig die Chance, laufend direkte Hinweise und Tipps für die Weiterentwicklung Ihrer Praxis zu erhalten!

## Die Patientendatenbank

Ein Arzt, der sich detailliert an seinen Patienten erinnert, der die individuelle Krankengeschichte, Bedürfnisse, Ängste und Wünsche kennt, hat gewonnen. Es geht eben nicht nur um Diagnosen und Therapien, sondern auch um Persönliches – den Patienten selbst!

In vielen Praxen wissen allerdings die Mitarbeiter am besten über die Patienten Bescheid. Sie erfahren Im Lauf der Jahre viel über Einstellun-

---

1 In Anlehnung an Schüller/Dumont, 2004, Springer.

gen, Familie, Sorgen, Hobbys und anderes mehr. Verlässt ein solcher Mitarbeiter die Praxis, geht dieses wertvolle Wissen, eine langjährig aufgebaute emotionale Verbindung verloren – und nicht selten auch Patienten.

## Was können Sie tun?

Die EDV ist heute aus Arztpraxen nicht mehr wegzudenken. Eine gut geführte Patientendatenbank ist hier nicht nur eine ungemeine Hilfe, sondern auch unternehmerisches Kapital! Hier sollte nicht nur die gesamte medizinische Patientenhistorie abgebildet, sondern auch weitere Informationen verfügbar sein (siehe Checklist „Marketing-orientierte Patientendaten").

Durch dieses umfassende Wissen kann eine erfolgreiche Kommunikation und somit rasch eine enge Beziehung zum Patienten aufgebaut werden.

Das jederzeit abrufbare „Abbild" der Patienten ermöglicht es, Patientenwünsche früh zu erkennen, maßgeschneiderte Angebote zu entwickeln und speziell auch solche Leistungen anzubieten, die der Patient aus der eignen Tasche bezahlen würde. Zudem lässt sich z.B. abschätzen, für welche Patienten Privatleistungen überhaupt in Frage kommen.

Auch die Patientenstruktur lässt sich mit einer professionellen Datenbank einfach und rasch analysieren – vorausgesetzt, die Dateneingabe wird ernst genommen und die Datenbank regelmäßig gut gepflegt. Informieren Sie jene Mitarbeiter, die Sie mit der Datenpflege beauftragen, umfassend über Sinn und Wichtigkeit dieser Tätigkeit. Wichtig dabei: Räumen Sie diesen Mitarbeitern unbedingt die nötige Zeit dafür ein.

# Der Marketingprozess

## CHECKLIST
### MARKETING-ORIENTIERTE PATIENTENDATEN

### Demografische Kriterien

- o Alter   (Geburtsdatum muss bei Abfrage als Alter auswertbar sein)
- o Familienstand
- o Haushaltsgröße
- o Beruf
- o geschätztes Einkommen
- o Kassenzugehörigkeit

### Psychografische Kriterien

- o Praxisbesuchsgewohnheiten
- o Dauer der Praxiszugehörigkeit
- o Verhalten im Arztgespräch
- o Verhalten in Bezug auf die Therapieempfehlungen
- o Verhalten im Hinblick auf Prävention und Prophylaxe
- o Zahlungsbereitschaft
- o Compliance
- o Engagement in Bezug auf die Erhaltung/Förderung der eigenen Gesundheit
- o Empfehlungen
- o Zuweiser

### Verhaltensorientierte Kriterien

- o Wünsche
- o Neigungen
- o Vorurteile
- o Ängste
- o Bereitschaft, Neues auszuprobieren

## CHECKLIST
### PATIENTENDATENBANK

- Schneller Überblick über die Patientendaten
- Kombinierte Abfragen können einfach durchgeführt werden
- Möglichkeit, Ihre Daten selbst weiter auszuwerten
- Parameteränderungen können Sie bequem selbst durchführen
- Bequeme Verwaltung externer schriftlicher Befunde durch Scannerintegration
- Keine versteckten Daten, die nur der Softwarelieferant aktualisieren kann
- Terminplaner zur perfekten Übersicht über die Behandlungstermine (besonders für Praxen mit mehreren Behandlungsräumen)
- Funktioniert auf dem Notebook genau so gut wie in einem Ordinationsnetzwerk
- Einfache Integration der Mailboxübertragung von Laborwerten und Textbefunden, ohne zeitraubende und irrtumsanfällige Wartung von Laborteststammdaten; bequeme elektronische Abrechnung mit den Krankenkassen
- Der Fixpreis der Software sollte Installation, Einschulung sowie eine laufende Unterstützung im ersten halben Jahr beinhalten
- Keine verpflichtenden Software-Services
- Statistik: bequemes Abfragen nach Diagnosen, Medikamenten, eigenen Notizen in beliebigen Kombinationen
- Rasche Anpassung an Ihre Wünsche und Erfordernisse kostengünstig möglich („Der Arzt hat die Ideen, der Anbieter programmiert")

### Wie kommen Sie nun zu all diesen Daten?

Bei neuen Patienten eignet sich ein Aufnahmebogen hervorragend dafür, gezielt jene Daten abzufragen, die Ihnen wichtig erscheinen. Später können Sie dann im Gespräch mit dem Patienten die eine oder andere Information ergänzen. Stammpatienten fühlen sich sicher nicht belästigt, wenn Sie alle zwei Jahre ein neues Datenblatt ausfüllen.

Der Markt für Praxis-Software ist in Österreich recht übersichtlich. Im Zuge meiner Beratungstätigkeit werde ich immer wieder mit gängigen Modellen konfrontiert. Allerdings bin ich überrascht, dass viele Angebote die notwendigen Basisfunktionen einer Datenbank nicht erfüllen und einfache Abfragen ohne Hilfe des Softwarebetreuers nicht möglich sind.

Sollten Sie sich für ein neues Modell entscheiden, dann achten Sie darauf, dass folgende Punkte erfüllt werden (siehe Checklist „Patientendatenbank").

Alle Informationen, die Sie über Ihre Patienten gewinnen, stehen nur Ihnen zur Verfügung. Damit sind Sie Ihrem Mitbewerb in jedem Fall eine Nasenlänge voraus. Die anfänglichen Mühen des Datenbankaufbaus machen sich in jedem Fall rasch bezahlt!

## Was machen die Kollegen?

Verfolgen Sie Entwicklungen und Trends, z.B. durch den Besuch von Kongressen und Seminaren, studieren Sie Fachzeitschriften sowie Medienberichte. In vielen Publikumsmedien finden sich Inserate von Kollegen, die Ihnen zeigen, wie andere Ärzte auftreten, welches Leistungsan-

gebot und welchen Service sie bieten (vgl. auch Kapitel „Benchmarking",
Seite 91). Überlegen Sie bei Ihrer Recherche immer: Was bedeutet das
alles für meine Praxis – gegenwärtig und in Zukunft?

Beobachten Sie möglichst genau die Aktivitäten Ihre Kollegen! „Fahn-
den" Sie nach deren Stärken und Schwächen, finden Sie heraus, was
andere besser oder schlechter machen, wodurch Sie sich unterscheiden?
Fragen Sie sich: Was können meine Ordination vom Mitbewerb lernen?
Wäre eine Kooperation sinnvoll?

Im Marketing kommt der Mitbewerbs- oder Konkurrenzbeobachtung ein
hoher Stellenwert zu. Legen Sie den Schwerpunkt Ihrer Recherchen auf
die unmittelbare Konkurrenz, also auf Praxen, die von Ihren Patienten
auch aufgesucht werden (könnten). Und es geht um den „latenten" Wettbewerb – schließlich stehen Sie als Arzt nicht nur im Wettbewerb mit
anderen Ärzten. Patienten suchen auch in Apotheken oder im Internet
Rat, wenden sich an Gesundheitscoaches, Heilpraktiker, Wellnessberater
und andere mehr.

### Stellen Sie Vergleiche mit anderen Dienstleistern an

Auch für den Arzt lohnt sich die Beobachtung, was in anderen Dienst-
leistungsbranchen passiert. Wie werden beispielsweise Gäste in einem
gut geführten Hotel begrüßt? Wie gehen der Hoteldirektor und seine
Mitarbeiter mit den Gästen um?
Oder denken Sie an Ihren letzten Besuch in einem Wellness-Center: Wie
war hier die Atmosphäre? Was hat Ihnen im direkten Umgang mit den
Mitarbeitern besonders gefallen?

Wer mit offenen Augen durch die Welt geht, wird viele Anregungen bekommen. Fällt Ihnen etwas positiv auf, denken Sie immer daran: Was können Sie davon in Ihre Praxis übertragen?

Als Arzt haben Sie sich natürlich in erster Linie um die Behandlung kranker Menschen zu kümmern und nicht um einen Hotelgast. Aber sehen Sie genau hin, Ähnlichkeiten sind nicht von der Hand zu weisen. Im Kern der Sache geht es um „Wohlfühlen" und „sich anvertrauen (können)".

All diese Aspekte sind entscheidend für ein wirkungsvolles Praxismarketing. Längst geht es nicht mehr nur um die „Befriedigung der Patientenbedürfnisse" (gesund werden), sondern auch um die „Erfüllung von Patientenwünschen".

Eines steht in jedem Fall fest: Der Patient vergleicht nicht nur einen Arzt mit dem anderen. Wo er auch hinkommt, registriert er sehr genau, wie er behandelt wird, ob man ihm freundlich entgegengekommen ist und kompetent beraten hat. Und er spricht darüber – Gelegenheiten dafür gibt es genug. Ist er begeistert, erzählt er es rund fünf Personen, wurde er unfreundlich oder inkompetent behandelt, erzählt er es im Durchschnitt sogar 12 Personen. So viel zum Thema Mundpropaganda!

Konzentrieren Sie sich, nachdem Positives wie auch Negatives auf dem Papier steht, nun auf die Bereiche, in denen Sie besser sind als andere. **Das Prinzip heißt: Stärken stärken!**
Nur wer besser und gleichzeitig anders, auf seine Weise einzigartig ist und damit aus der Fülle der Angebote herausragt, findet ganz sicher und nachhaltig die Gunst der Wunsch-Patienten und Beachtung am Markt.[2]

---

2 In Anlehnung an Schüller/Dumont, 2004, Springer-Verlag.

Jeder Unternehmer verfügt über „Marketing-Informationen". Allerdings liegen diese in sehr vielen Ordinationen brach. Die Ist-Analyse ist der erste Schritt und unverzichtbare Basis. Kennen Sie Ihre Ausgangssituation nicht, ist es auch nicht möglich, sich realistische Ziele zu setzen und eine wirkungsvolle Strategie zu erarbeiten.

Wer schließlich weiß, wo er gerade steht, dem wid auch automatisch klar, wohin er gehen kann oder will. Womit wir bereits beim nächsten Kapitel sind:

## Ziele realistisch und klar formulieren

*„Wer das Ziel nicht kennt, wird den Weg nicht finden!"*
*„Wer ohne Ziel losgeht, wird sich wundern, wo er ankommt."*

Diese bekannten Zitate machen eines klar: „Man kann ein Ziel nur erreichen, wenn man eines hat." Dennoch wird in sehr vielen Praxen ohne klare Zielsetzung gearbeitet. Sie ist aber Voraussetzung für eine konkrete Planung, die zu wahrnehmbaren Veränderungen führt.

### Drei Zielebenen

Ist die Ausgangssituation, das IST einer Ordination bestimmt, folgt als nächster Schritt im Marketingprozess das „Festlegen der Ziele": das SOLL. Dabei sind folgende drei Bereiche zu beleuchten:

- Markt- und Patienten-orientierte Basisziele,
- Klassische „Unternehmensziele",
- Funktions- und Instrumentalziele.

*Zielpyramide einer markt- und patientenorientiert geführten Praxis:*

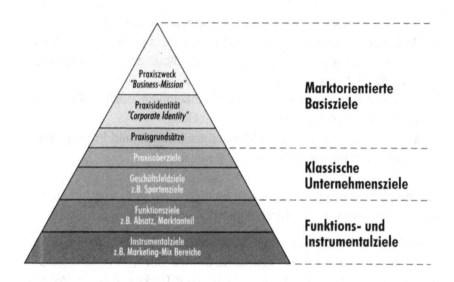

Praxiszweck
"Business-Mission"

Praxisidentität
"Corporate Identity"

Praxisgrundsätze

Praxisoberziele

Geschäftsfeldziele
z.B. Spartenziele

Funktionsziele
z.B. Absatz, Marktanteil

Instrumentalziele
z.B. Marketing-Mix Bereiche

**Marktorientierte
Basisziele**

**Klassische
Unternehmensziele**

**Funktions- und
Instrumentalziele**

Die Spitze des Zielsystems besteht aus dem „Praxisleitbild", auch Praxis-philosophie oder Mission genannt. Die obersten Ziele eines Dienstleis-tungsunternehmens – also auch einer Praxis – werden aus der Mission heraus entwickelt.

Eine Patienten-orientierte Praxis folgt einer Patienten-orientierten „Mis-sion". Nicht Gewinnmaximierung ist das höchste Ziel, sondern die Be-friedigung und Begeisterung der Patienten mit den eigenen Leistungen. Gelingt dies, werden sich automatisch Gewinne einstellen.[3]

---

3 In Anlehnung an Uwe Kamenz, 2001, Luchterhand.

Die zweite Zielebene bestimmen die klassischen Unternehmensziele der Betriebswirtschaft:

- Marktstellungsziele: Marktanteil, Umsatz, Marktgeltung.
- Rentabilitäts- und Finanzziele: Gewinn, Return on Investment (ROI), Kapitalumschlag, Kreditwürdigkeit, Liquidität, Selbstfinanzierungsgrad, Kapitalstruktur u.a.
- Soziale Ziele: Arbeitszufriedenheit, Einkommen, soziale Sicherheit, soziale Integration, persönliche Entwicklung.
- Markt- und Prestigeziele: Unabhängigkeit, Image und Prestige, politischer Einfluss, gesellschaftlicher Einfluss.

Auf der dritten Ebene stehen die Ordinationsfunktions- und Instrumentalziele, hier nur für den Marketingbereich betrachtet:

- Qualitative Ziele: Bekanntheitsgrad, Image, Patientenbindung, Qualität der Dienstleistungen, Vertrauen, Zufriedenheit, Zuverlässigkeit.
- Quantitative Ziele: Absatz, Umsatz, Gewinn, Deckungsbeitrag, Wachstum, Kosten etc.

In einer Marketing-orientierten Ordination unterscheiden sich die „Unternehmensziele und Marketingziele" nicht. Marketing – als Teil des „Unternehmen Arztpraxis" – bedeutet die vollständige und kontinuierliche Umsetzung aller Aktivitäten der Ordination.

Die Instrumentalziele ergeben sich aus den einzelnen Marketinginstrumenten. Beispiele dafür sind:

- **Dienstleistungsziele:** Qualitätsverbesserung, Designverbesserung.
- **Distributionsziele:** Ausbau der Kooperationspartner und Empfehler um 10 Prozent.

■ **Preisziele:** Preiserhöhung um 4 Prozent.
■ **Kommunikationsziele:** Aufmerksamkeitsgraderzielung, Erhöhung des Bekanntheitsgrades auf 30 Prozent. Imageverbesserung Dimension A auf 5 Punkte.[4]

## Probleme in Ziele verwandeln

Sie kennen das sicher auch: Meistens stehen in Gesprächen und Teammeetings die vielen Probleme und Schwierigkeiten im Mittelpunkt: „Wir haben folgendes Problem ... Das geht nicht, weil ..." Durch eine solche Problem-Einstellung wird jedoch lediglich das Problem-Bewusstsein im Ordinationsteam gefördert und gestärkt.

Wie oft hören (oder stellen!) Sie ziel-orientierte Fragen?

■ Was wollen wir erreichen?
■ Welche Schritte müssen wir setzen?
■ Womit beginnen wir?

Zur Problemlösung ist ein positiver Ansatzpunkt notwendig. Mit Hilfe einer zielorientierten Kommunikation sehen alle Beteiligten das „Problem" aus einem anderen Blickwinkel – dem Lösungs-orientierten. Je klarer und präziser Ziele formuliert sind, desto attraktiver sind sie für Sie und Ihr Team. Automatisch richten Sie Ihre Gedanken damit auf die Lösung, auf das gewünschte Ziel.

Motivationssteigernd sind die positive Formulierung und das Herausstreichen des Nutzens. Verwenden Sie dazu Prädikate wie: schafft, för-

---

4 Quelle: Uwe Kamenz, 2001, Luchterhand.

**TIPP**

Filtern Sie den Nutzen Ihrer Ziele heraus und transportieren Sie diesen verständlich!

Ein Beispiel:
„Ziel ist die Durchführung einer professionellen Patientenbefragung im Jänner 2008. Das Ergebnis ermöglicht ein klares Bild der Patientenwahrnehmung. Dadurch bekommen wir die Möglichkeit, uns auf jene Themenbereiche zu konzentrieren, die unseren Patienten sehr **wichtig sind. Das schützt uns auch vor unnötigem Arbeitsaufwand.**"

dert, stärkt, sorgt für, spart, ermöglicht, befreit von, verringert, schützt vor usw.

Ohne Ziele nützt auch das beste Zeitmanagement nichts. Planen Sie daher Ihre Zeit rund um Ihre Ziele, denn es gibt immer mehr Aufgaben, die erledigt werden müssen als Zeit, um sie zu erledigen. Ziele helfen Ihnen dabei, Prioritäten zu setzen und unmittelbar wichtige Aufgaben von weniger wichtigen zu unterscheiden. Damit Ihnen das gelingt, müssen Sie Ihre Ziele aber präzise formulieren:

## Mit der SMART-Formel zum attraktiven Ziel!

Attraktive Ziele sind glasklar formuliert. Ihr Ziel stellt hohe Anforderungen, aber es ist auch erreichbar. Sie glauben daran, dass Sie es schaffen werden. Es ist mit der Umwelt bzw. dem Umfeld, in der Sie es verwirklichen wollen, verträglich.

Nützen Sie die SMART-Formel für die Formulierung Ihrer Ziele (siehe Tabelle) und fragen Sie sich zum Schluss: Passt das Ziel zu mir und meiner Umgebung? Ist sichergestellt, dass keine negativen Folgen eintreten?

| Tabelle: Die SMART-Formel zur Formulierung Ihrer Ziele | |
| --- | --- |
| S | **Spezifisch:** Ist das Ziel konkret und spezifisch (nur eine Sache) beschrieben? Ist das Ziel so präzise formuliert, dass es keinen Spielraum für Interpretationen oder Nachforderungen lässt? |
| M | **Messbar:** Woran merken Sie, dass das Projektziel erreicht wurde? |
| A | **Attraktiv:** Alle Lebensbereiche einplanen und die Auswirkungen eines Ziels auf andere Lebensbereiche vorher bedenken. Ebenso steht das A für attraktiv! Das formulierte Ziel sollte so attraktiv sein, dass es sich für Sie lohnt, etwas dafür zu tun. Wie erkennen Sie, dass Ziele für Sie attraktiv sind? |
| R | **Realistisch:** Ist das Ziel anspruchsvoll aber auch realisierbar? (keine Vision!) |
| T | **Time based:** Ist ein klarer Endtermin festgelegt? |
| Quelle: Kotler/Bliemel, 1992, C. E. Poeschel Verlag. | |

## Ihre Zielgruppe – oder was ist für meine Patienten wichtig?

Als **Arzt** ist es Ihnen ein zentrales Anliegen, für allen Menschen da zu sein, die Ihre Hilfe in Anspruch nehmen möchten.

Als **Praxisinhaber** müssen Sie sich zudem mit wichtigen unternehmerischen Fragen auseinandersetzen, damit Sie mit Ihrer Praxis noch möglichst lange für Ihre Patienten da sein können:

- Wer sind unsere Patienten heute und welche werden künftig unsere Patienten sein?
- Was wissen wir über diese Menschen, was ist ihnen besonders wichtig?

Wen möchten wir als Stammpatienten für unsere Praxis gewinnen? (Natürlich spielt hier auch die Fachrichtung eine entscheidende Rolle.)

- Alte oder junge Patienten,
- Frauen oder Männer,
- Besserverdiener oder
- einkommensschwache Menschen,
- Patienten mit Zusatzversicherung.

### Warum ist das für das „Unternehmen Arztpraxis" wichtig?

- Wer seine Zielgruppen (Patienten und mögliche Patienten) gut kennt, über deren Bedürfnisse und Wünsche informiert ist, kann eine „Problemlösung" mit überragendem Nutzen bieten – sich mit einem beachtenswerten Angebot einen „Namen machen".
- Wer seine gesamten Tätigkeiten auf seine Zielgruppe ausrichtet, hat es leichter, seine Patienten zu erreichen, zu begeistern und zu binden, empfohlen zu werden.

■ Wer kooperiert und damit auch im Umfeld derjenigen in Erscheinung tritt, die ebenfalls mit seiner Zielgruppe zu tun haben, hat es leichter, Patienten und Menschen mit gleichen Anliegen zu erreichen.

Damit erhöht sich in den gewählten Zielgruppen das Bedürfnis, Ihre Praxis zu besuchen, Ihre Leistungen zu beanspruchen.

Haben Sie sich nun ein klares Bild darüber verschafft, wer Ihre Patienten und Stammpatienten sein sollen, prüfen Sie Ihre Entscheidung anhand folgender Kriterien:

■ Benötigt die Zielgruppe Ihre Leistungen?
■ Kann und will sich die Zielgruppe evtl. Zusatzleistungen leisten?
■ Passt der Standort der Praxis zu diesen Zielgruppen?

Automatisch bestimmen Einzugsgebiet und Bevölkerungsstruktur das Praxisangebot und die Nachfrage. In diesem Zusammenhang sollten Sie sich also genau mit dem Standort Ihrer Praxis auseinandersetzen.

■ Passen die Öffnungszeiten in den Tagesablauf der Zielgruppe?
■ Kann die Zielgruppe die Praxis gut erreichen?
■ Haben Sie die Möglichkeit, Ihre Zielgruppe ausreichen zu informieren?
■ Bietet das Umfeld in dem sich Ihre Patienten bewegen, Möglichkeiten für Kooperationen, finden sich hier Meinungsbildner?

Je genauer Sie sich mit dem Profil Ihrer Zielgruppen auseinandersetzen, umso erfolgreicher werden Ihre Aktivitäten sein. Ein Allgemeinmediziner beispielsweise mit dem Zusatzangebot Stressvorsorge/Burn-Out-Prävention ist besser beraten, seine Praxis in der Stadt (am besten in einem Stadtteil mit viclen Büros) zu führen. Den Rahmenbedingungen seiner Zielgruppe entsprechend, kann er seine Praxis-Öffnungszeiten den Bürozeiten gut anpassen – oder extra Öffnungszeiten anbieten. Er weiß, wo er seine potenziellen Patienten erreichen kann und deshalb die Zielgruppe gut informieren (oder für Firmen spezielle Angebote erstellen), Informationsabende veranstalten, etc. In nahe gelegenen Fitness-Studios, Spa's, Yoga- und Pilatesstudios sowie Apotheken findet er mögliche Kooperationspartner.

Wie eingangs erwähnt, sind immer mehr Menschen bereit, für ihre Gesundheit zusätzliche Ausgaben zu tätigen. Neben den klassischen Zielgruppen Kassenpatient und Privatpatient gibt es zahlreiche Möglichkeiten, Zielgruppen zu ermitteln.

Sind Sie über die Bedürfnisse und Wünsche Ihrer Patienten/Zielgruppen einmal informiert, lassen sich Zusatzleistungen ins Praxisangebot aufnehmen. Einige Beispiele:

- Stress-Management,
- Burn-Out-Check,
- Fitness-Tests,
- Fett-Messung,
- Ernährungsberatung,
- medizinisch betreute Gewichtsreduktion,
- medizinisch-kosmetische Leistungen,
- Akupunktur,
- Raucherentwöhnung, etc.

Es geht also ganz im Sinne der ethisch/moralischen Verpflichtung der Ärzteschaft darum,

- nutzenorientiert zu denken und zu handeln (Nutzen im Sinne eines speziellen Angebotes für eine besondere Zielgruppe. Es geht nicht darum, gewinnorientiert vorzugehen!);

■ immer das brennendste Problem seiner Zielgruppe zu lösen;
■ gezielt den Nutzen für seine Zielgruppe auszubauen und zu verbessern;
■ ausschließlich absolute Patientenzufriedenheit und hohe Begeisterung anzustreben.[5]

Denn wer die Probleme anderer löst, löst auch seine eigenen – draus erfolgt dann automatisch mehr Anziehungskraft und Gewinn.

Schenken Sie darüber hinaus auch jenen Menschen und Institutionen Beachtung, die Ihnen auf Ihrem „Weg zum Erfolg behilflich sein" können. Das können sein:

■ die Familie Ihrer Patienten,
■ Vereine und Verbände,
■ Selbsthilfegruppen,
■ Netzwerke,
■ geeignete Kooperationspartner (z.B.Sportmediziner – Fittnessstudio – Ernährungsberaterin – Masseur),
■ Bezirkszeitungen, Presse.

Es lohnt sich, auch diese „Nebenschauplätze" genau unter die Lupe zu nehmen – sicher haben Sie rasch einige Ideen für spezielle Angebote. So kann der zuvor erwähnte Allgemeinmediziner mit Zusatzangebot „Stress-Management" spezielle Angebot für Firmen entwickeln. Jedes Unternehmen ist daran interessiert, leistungsstarke Menschen zu beschäftigen; einige leisten sich heute bereits „Vorsorgeprogramme" für ihre Mitarbeiter.

---

5 In Anlehnung an Peter Sawtschenko, 2005, Gabal.

Die Definition der Zielgruppe(n) ist auch deshalb so wichtig, weil Sie viel „Werbebudget" sparen, wenn Sie wissen, wer Ihre Patienten und potenziellen Patienten sind, welche Zeitung sie lesen bzw. welche Medien von diesen Menschen genutzt werden (Internet?). Es geht hierbei also nicht darum, in Medien zu informieren, die Sie selbst als wichtig und gut erachten, sondern in Medien, die Ihre Zielgruppe liest – auch wenn diese „unter Ihre Würde" sein sollten. Allein diese Frage unberücksichtigt zu lassen, kann sehr teuer kommen.

Überlegen Sie also sehr genau, wer Ihre Hauptzielgruppen sind und wer Ihnen darüber hinaus als Nebenzielgruppe behilflich sein kann, Ihre Ziele zu erreichen. Die Wahl der Zielgruppe ist auch eine wichtige unternehmerische Entscheidung, die die gesamte künftige Richtung, in die Ihre Praxis gehen soll, beeinflusst. Oder wie es der amerikanische Managementprofessor Ted Levit ausdrückt: *„Wer nicht in Zielgruppen denkt, denkt gar nicht."*

# Die strategische Positionierung –
## Erfolgsfaktor für Ihre Praxis

## Was bedeutet Positionierung?

Positionierung bedeutet die aktive Planung und Gestaltung des Praxis-images. Es geht um die Wahrnehmung bei Patienten, Mitarbeitern, Kollegen, Kooperationspartnern, Mitbewerbern, Banken und anderen mehr.

Eine eindeutige Positionierung hilft:

- Erfolgspotenzial aufzubauen.
- Die Erinnerung der Patienten/Interessenten an Ihre Leistung/Praxis zu stärken und zu steigern.
- Sich in der täglichen Arbeit auf Kernkompetenzen zu konzentrieren und damit Ihren Erfolg nachhaltig zu verbessern.

Ziel der strategischen Positionierung ist, das eigene Leistungsangebot von dem der Mitbewerber unterscheidbar zu machen. Leistungen, die nicht wahrgenommen werden, existieren so gut wie gar nicht.
Levit und andere Marketingvordenker weisen wiederholt darauf hin, dass es zahlreiche Möglichkeiten gibt, das Leistungsangebot zu differenzieren. Um wirkungsvoll zu differenzieren, muss berücksichtigt werden, dass auch Patienten unterschiedliche Bedürfnisse und Wünsche haben und dementsprechend unterschiedliche Leistungsangebote bevorzugen.[1]

### Einzigartig und unverwechselbar für Patienten und Mitarbeiter

Auch Ärzte müssen sich heute Gedanken darüber machen, wie sie sich unterscheiden können, um wahrgenommen zu werden. Aber Achtung! Nicht alle Unterschiede sind von Bedeutung und stellen eine wirkungs-volle Differenzierung dar. Sie bergen einerseits die mögliche Gefahr zu-

---

1 Quelle: Kotler/Bliemel, 1992, C. E. Poeschel Verlag.

sätzlicher Kosten, und andererseits die potenzielle Chance eines zusätzlichen Nutzens für den Patienten. Daher müssen Sie mit Sorgfalt entscheiden, wie und wodurch Sie sich von Kollegen (Mitbewerbern) abheben (wollen).

Mögliche Positionierungsansätze:

- So nahe wie möglich an der Idealvorstellung der Patienten/Interessenten.
- So weit entfernt wie möglich von Kollegen und anderen Mitbewerbern.
- Ganz andere Merkmale als (am Markt) üblich.

Die psychologische Wahrnehmung Ihres Angebotes muss auf wenige Merkmale und Eigenschaften reduziert werden. Einige Möglichkeiten:

- Preis,
- Leistungen,
- Service,
- Zusatznutzen,
- Zuverlässigkeit,
- Emotion.

Ein Leistungsmerkmal Ihrer Praxis sollte dann hervorgehoben werden, wenn es den folgenden Anforderungen gerecht wird (siehe Checklist „Leistungsmerkmale der Praxis").

| | |
|---|---|
| Substantialität | Der Unterschied bringt einer genügend großen Anzahl von Patienten und möglichen Patienten einen Zusatznutzen. |
| Hervorhebbarkeit | Der Unterschied wird von anderen nicht angeboten oder von der eigenen Praxis in einer besonderen Form hervorgehoben. |
| Überlegenheit | Der Unterschied ist anderen Mitteln zur Erlangung des gleichen Vorteils überlegen. |
| Kommunizierbarkeit | Der Unterschied ist kommunizierbar und für Patienten und Interessenten erkennbar. |
| Vorsprungssicherung | Der Unterschied kann von Kollegen und anderen Mitbewerbern nicht leicht nachgeahmt werden und sichert somit einen Vorsprung. |
| Bezahlbarkeit | Die Patienten und Interessenten können es sich leisten, für den Unterschied einen Aufpreis zu bezahlen. |
| Gewinnbeitragspotenzial | Das Anbieten des Unterschiedes bietet eine gute Chance, zusätzliche Gewinne zu erwirtschaften. |

# Die strategische Positionierung

Die Positionierung ist also das Bestreben, das Leistungsangebot und die Praxis so zu gestalten, dass damit im Bewusstsein der Patienten und Interessenten ein besonderer und geschätzter Stellenwert eingenommen wird. Damit dies gelingt, müssen Sie darüber informiert sein, was für die Patienten und Interessenten von besonderem Wert ist, nach welchen Kriterien diese Personen ihren Arzt auswählen. Dieses Wissen ist Voraussetzung für die Erarbeitung der Praxispositionierung. Dafür müssen drei Punkte erfüllt werden:

1. Stellen Sie fest, welche Differenzierungsmöglichkeiten Sie aufgrund Ihrer Leistungen, Ihres Service, Ihrer Mitarbeitern und Ihres Images im Vergleich zu Kollegen und anderen Mitbewerbern ergreifen können. Was macht Sie unverwechselbar?

2. Legen Sie Bewertungsmaßstäbe an, um die wesentlichen Unterschiede zum Mitbewerb auszuwählen, die für die Positionierung eingesetzt werden sollen.

3. Kommunizieren Sie den Unterschied im Zielmarkt (Patienten, potenzielle Patienten, Interessenten, zuweisende Ärzte).[2]

---

2 Quelle: Kotler/Bliemel, 1992, C.E. Poeschel Verlag.

## Der USP – In der Kürze liegt die Würze

Die Positionierung legt die definitiven Vorteile, die eine Praxis bietet, fest. Damit ist das „Alleinstellungsmerkmal" erarbeitet – im Marketing auch kurz USP (Unique Selling oder Satisfaction Proposition) genannt. Diese Voraussetzung macht es möglich, den USP kurz und treffend zu kommunizieren: von Ihnen und Ihren Mitarbeitern, im persönlichen Gespräch, am Telefon, in Patienteninformationen, auf der Praxishomepage etc. Dafür muss das Wichtigste verständlich und klar auf den Punkt gebracht werden. Das erhöht die Chance, nachhaltig zu überzeugen! Ihr USP – „Ihre Story" – informiert in Kürze über das WER, WAS, WANN, WIE UND WARUM.

Um Ihren USP zu erarbeiten, beantworten Sie für sich folgende Fragen (siehe Checklist „Erarbeitung des USP").

# Die strategische Positionierung

**ERARBEITUNG DES USP**

- ○ Ausgangslage:
  - • Wer sind wir?
  - • Wie ist die Situation?
- ○ Patienten: Wer sind Ihre Patienten und wer nicht?
- ○ Problem: Was ist das Problem der Patienten/Interessenten?
- ○ Lösung: Ihre Lösung für den Patienten/Interessenten.
- ○ Vorteile: Welche Vorteile hat der Patient/Interessent von Ihrer Lösung?
  - • rational (z.B. Therapie „ohne Chemie") und
  - • emotional (z.B. Sicherheit, Verlässlichkeit)?
- ○ Nutzen: Welchen Nutzen bringt Ihre Lösung (z.B. wenig bis keine Nebenwirkungen)?
- ○ Unterschied: Wie heben Sie sich von Ihren Kollegen und anderen Mitbewerbern ab, was macht Ihre Leistung unverwechselbar?

Haben Sie Ihre Antworten gefunden, ist es Zeit für den nächsten Schritt: eine griffige Botschaft formulieren. Diese muss die Kernbotschaften transportieren und ist Basis der gesamten Kommunikation(-sarbeit!). Da dies keine einfache Aufgabe ist, sollten Sie unbedingt Unterstützung holen.

TIPP

**TIPP**

- ■ Testen Sie bei Freunden, Bekannten etc., wie „Ihre Botschaft" ankommt und was sie vermittelt.
- ■ Lassen Sie Ihren erarbeiteten USP von einem Kommunikationsfachmann prüfen, bevor Sie ihn in Ihrer Kommunikation einsetzen.

## Beispiele aus der Praxis

### Beispiel 1

Der Wiener Zahnarzt Dr. Erich Trauschke stellte im Zuge seines Praxis-Marketingprozesses fest: Am wichtigsten ist ihm die Erhaltung der Zahngesundheit seiner Patienten, die Prävention. Damit war auch der Ausgangspunkt für die Erarbeitung seiner Positionierung und die Grundlage seiner Kommunikationsarbeit gefunden. (Das vorhandene Praxisangebot wurde entsprechend ergänzt und vertieft.)

Beide erforderlichen Kommunikationsebenen wurden dabei berücksichtigt (siehe Abb. S. 47):

- rational (Erhaltung der Zahngesundheit) sowie
- emotional („Ihr Partner" und „Wir halten Ihr schönstes Lächeln vital" – suggeriert Unterstützung/Hilfe).

### Beispiel 2

Das Leistungsangebot der Allgemeinmedizinerin Dr. Doris Eller-Berndl ist umfassend gestaltet: Von Gewichtsstabilisierung über Bewegungsberatung, Stressmanagement bis hin zu Raucherentwöhnung.
Bei der Erarbeitung des Praxis-Marketing-Konzeptes stand rasch fest: Die Wahlärztin versteht sich auch als medizinisch kompetente Beraterin für die **Erhaltung und die Verbesserung der Gesundheit** ihrer Patienten. Ihre Arbeit berücksichtigt den ganzen Menschen in seinem persönlichen Umfeld, sie legt hohen Stellenwert auf individuelle Lösungen.

Dies wurde mit einigen anderen Grundsätzen im Praxisleitbild festgehalten. Damit war in diesem Beispiel die Basis für Positionierung, USP und damit auch die gesamte Kommunikationsarbeit gelegt (Abb. S. 48).

Umfassende
Patienteninformation,
## Hochwertiger
## Zahnersatz

## Dr. Erich Trauschke -
Ihr Partner zur Erhaltung der
Zahngesundheit

*Wir halten Ihr schönstes Lächeln vital!*

Die Abbildung zeigt die Frontseite eines Patienten-Informationsfolders. Hier wurden das Logo sowie der optional einsetzbare Slogan *„Wir halten Ihr schönstes Lächeln vital!"* eingearbeitet.

Auch in diesem Beispiel wurde die rationale sowie die emotionale Kommunikationsebene berücksichtigt.

## Der USP ist auch für die Mitarbeiter wichtig

Der USP zeigt die festgelegten Praxisziele auf und macht sie daher leichter umsetzbar. Er sollte daher auch „intern" laufend kommuniziert werden, damit die Mitarbeiter einen roten Faden haben, der sich durch ihre tägliche Arbeit zieht.

Überlegen Sie deshalb auch: Was bedeutet Ihr USP für Ihre MitarbeiterInnen? Was hält die guten, engagierten, zuverlässigen Mitarbeiter? Was ist für sie das Einzigartige an Ihrer Praxis? Womit können sie sich am meisten identifizieren? Was macht sie besonders stolz?[3]

Haben Sie Ihre Positionierung gefunden und Ihren USP formuliert, haben Sie auch schon die Grundstruktur für Ihre Markenbildung geschaffen.

---

3 In Anlehnung an Schüller/Dumont, 2004, Springer-Verlag.

# Die strategische Positionierung

## Was ist eine Marke?

Die Marke entsteht durch eine Vielzahl von Informationen und nicht – wie meist angenommen – allein durch Kommunikation! Eine klare Positionierung ist ein Meilenstein für die erfolgreiche Markenbildung.

Nachhaltigen Erfolg erzielt man „als Marke", wenn der Patient einen Zusatznutzen oder auch Mehrwert spürt und hautnah erlebt. Dieser entscheidende Mehrwert kann erlebt werden über

- das Leistungsangebot,
- die Qualität der erbrachten Leistung,
- das Serviceangebot und die Servicequalität,
- die Preisgestaltung oder auch
- das Mitarbeiterverhalten.

Das kommunizierte (Leistungs)-Versprechen ist sozusagen die DNA einer Praxis. Das Verhalten der Mitarbeiter, die internen Abläufe und alle externen Kommunikations-Schritte müssen diese DNA – ohne Ausnahme – einheitlich transportieren. Gelingt dies nicht, wird eine Praxis sehr schnell unglaubwürdig, was dem Image enorm schadet.

Das bedeutet: Nicht nur Sie als „Arzt und Unternehmer" sind Botschafter „Ihrer Marke", sondern auch Ihre Mitarbeiter müssen im täglichen Umgang mit den Patienten „das Markenversprechen" leben! Den Mitarbeitern ist dies aber nur dann möglich, wenn sie die Chance erhalten, sich mit der Praxisidentität, dem Praxisleitbild auseinanderzusetzen. Sie müssen sich damit identifizieren können und die Ziele verstehen!

**TIPP**

Binden Sie Ihre Mitarbeiter aktiv in den Prozess der Markenbildung ein, z.B. beim Entwickeln des Ordinationsleitbildes oder beim Finden von (neuen) Serviceleistungen.

**Wie wird Ihr USP, Ihre Marke nach außen transportiert?**

Ihre

# POSITIONIERUNG

wird transportiert durch:

**Basis-Marketing-Mix**
- Leistungen/Service
- Preisgestaltung
- Distribution
  (wie, wo und wann kommt der Patient zu Ihrer Leistung)

**Kommunikation**
- Logo
- Erscheinungsbild
- Slogans
- Patienteninformation/Werbung
- Mitarbeiter

Damit das funktioniert, muss sich Ihre Positionierung in allen Bereichen der Praxisidentität – Ihrer Corporate Identity – wiederfinden!

# Die Bausteine der Praxis-Identität

# Die Corporate Identity

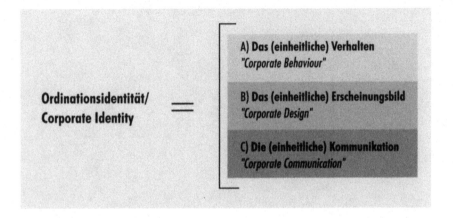

| Ordinationsidentität/ Corporate Identity | = | A) Das (einheitliche) Verhalten "Corporate Behaviour" |
| | | B) Das (einheitliche) Erscheinungsbild "Corporate Design" |
| | | C) Die (einheitliche) Kommunikation "Corporate Communication" |

Die Corporate Identitiy, die Praxisidentität, ist mehr als nur ein Logo oder ein einheitliches Briefpapier und spielt bei der Wiedererkennung und Markenbildung eine wesentliche Rolle! Eine gut ausgearbeitete Corporate Identity steigert Produktivität und Leistung.

## Ziele der Corporate Identity innerhalb der Praxis

- Prozesse und Strukturen nachvollziehbar und begreifbar machen: Die Mitarbeiter können durch gemeinsam getroffene und festgelegte Abmachungen ihr Verhalten den Zielen des Arztes anpassen, weil Sie wissen, was von Ihnen erwartet wird.
- Die Mitarbeiter können in allen Bereiche ihres „Tuns" auf ein gemeinsames (Praxis-) Ziel hinarbeiten.

# Die Bausteine der Praxis-Identität

■ Die Corporate Identity soll bei den Mitarbeitern ein abgerundetes Bild der Praxis, ein „Wir-Gefühl" erzeugen. Dies wirkt sich positiv auf die Arbeitszufriedenheit und damit auf Motivation und Leistung aus.

**Ziel der Corporate Identity nach außen** ist die Profilierung der Praxis, um den steigenden Anforderungen der Patienten und des Marktes gerecht zu werden. Was sind die nun die einzelnen Bausteine der Corporate Identity? Worauf ist zu achten?

## Das Corporate Behaviour

Das einheitliche Auftreten und Verhalten aller Praxis-Mitarbeiter (Arzt und Team!) bezeichnet man als Corporate Behaviour. Verhalten zeigt sich darin, wie Mitarbeiter miteinander, den Patienten, zuweisenden Kollegen und Lieferanten umgehen. Es spiegelt sich darin, wie Konflikte gelöst werden, wie mit Problemen umgegangen wird.

Stellen Sie fest, ob das Verhalten in Ihrer Praxis (noch) Ihren Grundsätzen und Vorstellungen entspricht. Beantworten Sie dazu die in der Checklist „Corporate Behaviour" angeführten Fragen).

○  Wie ist das Verhalten den Patienten gegenüber?

○  Werden Patienten umfassend informiert, (Kommunikations)-Grundsätze eingehalten?

○  Wird auf die Bedürfnisse der Patienten in entsprechender Weise eingegangen?

○  Sind Angebot und Leistungen übersichtlich und für den Patienten verständlich gestaltet?

○  Wird mit Beschwerden professionell umgegangen?

Wichtig für die Akzeptanz und Umsetzung des Corporate Behaviour durch die Mitarbeiter ist auch der Führungsstil des Arztes: Wie verhalten Sie sich gegenüber Ihren Mitarbeitern? Nach welchen Kriterien werden Mitarbeiter eingestellt, ge- und befördert? Wie gestalten sich Ausbildung und Mitarbeiterförderung sowie Entlohnung? Bieten Sie Anreize und Sozialleistungen?

Alle diese Aspekte sollten unbedingt im Praxisleitbild festgehalten werden. Die Grundsätze der Praxis müssen nicht nur gezeigt und kommuniziert, sondern auch gelebt werden!
Sie dienen der Orientierung für alle Mitarbeiter – und damit auch für den Arzt selbst.[1]

---

1  Siehe auch Kapitel „Wie Sie Ihr Praxisleitbild entwickeln", Seite 61.

# Die Bausteine der Praxis-Identität

## Das Corporate Design: Schnick-Schnack oder wichtiges Kommunikationsinstrument?

Eine eigene Praxisidentität hebt Ihre Praxis von der Kollegenschaft ab, sie kommuniziert Ihr Profil. Es handelt sich also um die visuell gestaltete Identität Ihrer Praxis und nicht um irgendein nettes grafisches Symbol, das Ihnen persönlich gut gefällt!

### Aufgaben und Nutzen des Corporate Design

Corporate Design erschöpft sich nicht nur in der Gestaltung und Nutzung eines grafischen Zeichens (Signet, Wortbildmarke). Es bedeutet vielmehr: Innere Haltungen und Wertvorstellungen (z.B. Verantwortungsbewusstsein, Qualitätsanspruch, Beziehung zu Patienten) werden nach außen hin erkennbar gemacht, visuell gestaltet.
Die Werkzeuge dazu sind unter anderen Typographie, Logo- und Grafik-Design, Farb- und Bilderwelten, Architektur bis hin zur Kleidung der Mitarbeiter.

Die konsequente Gestaltung aller kommunikativen Maßnahmen sichert Kontinuität im Auftreten nach innen und außen, dies wirkt wiederum vertrauensfördernd und erhöht die Glaubwürdigkeit. Nur so entsteht ein unverwechselbares und damit wahrnehmbares Erscheinungsbild.

Werden konsequent gleich bleibende Gestaltungselemente eingesetzt, auf einander abgestimmt und bei Bedarf professionell abgewandelt, steigert das den Bekanntheitsgrad und den Wiedererkennungswert. Alle Aktionen können dadurch eindeutig Ihrer Praxis zugeordnet werden, Kommunikations- und Werbemaßnahmen werden effizienter!

Das Corporate Design ist aber auch ein Motivationsfaktor für die Mitarbeiter. Gutes Design steigert Wohlbefinden und Sympathie und die Identifikation mit der Praxis.

## Kriterien für ein funktionales Erscheinungsbild

Prüfen Sie, ob Ihr Erscheinungsbild den folgenden Kriterien entspricht (siehe Checklist „Erscheinungsbild"):

CHECKLIST
ERSCHEINUNGSBILD

- Aufmerksamkeitswert
- Prägnanz
- Eigenständigkeit
- Wiedererkennungswert
- Langlebigkeit
- Variationsmöglichkeit und Ausbaufähigkeit
- Ästhetik
- Modernität (zeitgemäßes Empfinden)
- emotionale Steuerung

# Die Bausteine der Praxis-Identität

Dabei sind speziell zwei Punkte besonders zu berücksichtigen:

**1** **Die Modernität:** Einerseits muss das Corporate Design ein hohes Maß an Kontinuität wahren, um das gewollte Bild fest im Bewusstsein der Patienten zu verankern, andererseits flexibel genug sein, um dem sich verändernden Zeitgeschmack gerecht zu werden.

**2** **Die Eigenständigkeit:** Oft heben sich Erscheinungsbilder nicht ausreichend voneinander ab, da sie emotionale Komponenten nicht berücksichtigen.

## Warum eine professionelle Gestaltung entscheidend ist

Bevor Gestaltungsmerkmale erarbeitet und festgelegt werden, sind Image und Ordinationsgrundsätze festzulegen oder zu prüfen. Der Grafiker sollte mit seiner Arbeit erst beginnen, wenn Praxispositionierung und Praxisleitbild klar definiert sind. Eine Aufgabe ist es, beides professionell zu visualisieren und in Szene zu setzen.

Auch die erforderliche textliche Unterstützung des Logos sollte gemeinsam mit einem Marketing-Spezialisten erarbeitet werden. Um ein Corporate Design nachhaltig wirkungsvoll umzusetzen, ist nicht nur grafisches Rüstzeug notwendig. Werden die Prinzipien der Marketing- und Kommunikationsmechanismen nicht berücksichtigt, bleibt das erwünschte Ergebnis auf der Strecke. Im schlimmsten Fall wird sogar ein völlig falsches Bild erzeugt, was leider häufig passiert.

Ebenso oft werden professionell aufgebaute und kommunikationstechnisch ausgefeilte Logos nochmals von der Gattin/des Gatten oder den Mitarbeitern des Praxisinhabers „überarbeitet". Subjektives Geschmacksempfinden wird als wichtigstes Element gesehen, aus einem wirkungsvollen Marketinginstrument ein „nettes Bildchen" gemacht.

Nur ein professionell umgesetztes Corporate Design wird für Sie arbeiten und Sie in Ihrem Ordinationsmarketing wirkungsvoll stützen. Bausteine des Corporate Design sind:

- Positionierung,
- Farbwelt,
- Logo,
- Name,
- Briefköpfe,
- Rechnungsvordrucke,
- Terminkärtchen,
- Patientenbroschüren,
- Internet,
- Räumlichkeiten etc.

Einheitliche Arbeitskleidung unterstützt zusätzlich das professionelle Bild einer Ordination. Sie muss gut passen, leicht, bequem und natürlich sauber sein. Die Farbe sollte nicht unbedingt weiß sein.[2]

## Corporate Communications

Dritter Baustein der Corporate Identity ist Corporate Communications. Damit wird definiert, wie – in welchem Stil – die Praxis nach außen kommuniziert: Sprache, schriftlicher Stil, Gestaltung und Form der Patienteninformationen etc.

Eine ganzheitliche Corporate Identity unterstützt die Wiedererkennung einer Praxis und baut Vertrauen bei den Patienten und dem für sie wich-

---

2 Siehe dazu auch „Arbeitskleidung in der Arztpraxis", Seite 129.

tigen Umfeld auf. Ist die optische Kommunikation einheitlich, also wie aus einem Guss, vermittelt sie besondere Professionalität.

Vielleicht fragen Sie sich jetzt: „Warum ist das für einen Arzt von Bedeutung? Reicht es nicht, ein guter Arzt zu sein?"

Der Patient kann die ärztliche Leistung nur schwer oder gar nicht beurteilen. Er zieht – unbewusst und automatisch – andere Faktoren als Ersatzkriterium für die Leistung eines Arztes heran. Daher ist ein professioneller Auftritt auch für Arztpraxen so wichtig.

Um eine nachhaltig wirkungsvolle Corporate Identity entwickeln zu können, muss sich ein Praxisinhaber zunächst dem Entwurf des Praxisleitbildes widmen: Erst wenn dieses kar festgelegt ist, kann die Umsetzung der Corporate Identity beginnen.

# Das Praxisleitbild

Das Leitbild informiert über die „Existenzberechtigung" einer Praxis sowie deren Identität. Es hält keine aktuelle Situation fest, sondern ist richtungweisend und zukunftsorientiert. Es ist ein realistisches „Idealbild", eine Orientierungshilfe für alle praxisrelevanten unternehmerischen Tätigkeiten. Neben dem fachlichen USP hält es das ideelle Alleinstellungsmerkmal fest. Es ist Erfolgsmotor für die Praxis sowie Motivation für Arzt und Mitarbeiter.

Das Praxisleitbild beantwortet grundlegende Fragen:

- Was machen wir genau?
- Warum gibt es uns?
- Wo wollen wir hin?

Darüber hinaus beschreibt das Leitbild die Wertewelt und die Kultur einer Praxis, Ziele und auch langfristige Maßnahmen zum Erreichen der gesetzten Ziele. Es ist eine Präsentation, ein Leitfaden, ein Instrument zur Orientierung für:

- Patienten,
- Mitarbeiter,
- Kooperations-Partner,
- Lieferanten,
- Kollegen und Mitbewerber und natürlich auch
- für Sie als Arzt.

Damit wirkt das Leitbild nach „außen" und „innen". In einer Welt, in der Leistungen immer austauschbarer und vergleichbarer werden, ist es ein wichtiges Fundament für den unternehmerischen Erfolg. Aber Achtung: Einfach gut klingende, nette Phrasen zu formulieren und schriftlich festzuhalten, schadet eher, wenn in Wirklichkeit alles anders läuft. Das Leitbild sollte unverwechselbar und charakteristisch für die Praxis sein – daher gleicht kein Praxisleitbild dem anderen (siehe Checklist „So entwickeln Sie ihr Praxisleitbild").

## CHECKLIST
### SO ENTWICKELN SIE IHR PRAXISLEITBILD

Beantworten Sie als „Arzt und Unternehmer" im ersten Schritt folgende Fragen:

○ Wie kann ich dazu beitragen, ein dauerhaftes Wohlfühlklima für meine Patienten, meine Mitarbeiter und mich zu schaffen?

○ Welche Werte sind für mich entscheidend, welches Wertesystem will ich leben?

○ Was möchte ich mit meiner Praxis verwirklichen?

○ Wo möchte ich auf Dauer leben/arbeiten (Stadt -Land)?

○ Wo will ich in 5 oder 10 Jahren stehen – beruflich und privat?

○ Möchte ich meine Praxis an einen Nachfolger weitergegeben? Wenn ja – wann?

○ Wie stelle ich notwendige Finanzierungen sicher?

Mit der Beantwortung dieser Fragen legen Sie Ihre unternehmerische Vision fest. Im unmittelbar darauf folgenden Schritt werden die Grundsätze der Praxiskultur erarbeitet (siehe Checklist „Inhalte des Praxisleitbildes"). Die beste Wirkung lässt sich erzielen, wenn die Mitarbeiter einbezogen werden – auch sie müssen diese Kultur leben und umsetzen (können).

**✓ INHALTE DES PRAXISLEITBILDES**

- Wer sind unsere Patienten?
- Diese Probleme lösen wir für unsere Patienten (Leistungen, Tätigkeitsbereiche).
- Das verstehen wir unter Fairness und Verantwortung (Beziehung zu Patienten, Mitarbeitern, zuweisenden Kollegen und Lieferanten etc.).
- So führen wir unsere Mitarbeiter.
- Das ist uns im täglichen Miteinander wichtig.
- Darauf legen wir bei der Organisation und bei unserer Infrastruktur besonderen Wert.
- Das ist für uns bezüglich Investition, Gewinn und Finanzierung wichtig.
- So stellen wir Innovationen/Verbesserungen sicher.
- So arbeitet unser Team.

Prüfen Sie, ob Ihr Ergebnis folgenden Kriterien entspricht:

- Ist das Leitbild allgemein gültig?
- Vorschriften gehören nicht ins Leitbild – beschränkt es sich auf wesentliche Aussagen?
- Sind die Inhalte langfristig gültig?
- Werden Praxisziele und Wege zur Zielerreichung angeführt?
- Sind die erwähnten Praxisziele realisierbar (keine Luftschlösser)?
- Entsprechen alle Inhalte der Wahrheit?
- Sind die Inhalte aufeinander abgestimmt oder widersprechen sich einzelne Aussagen?
- Sind alle Punkte einfach und verständlich formuliert?

Wichtig ist, für das Erarbeiten eines Leitbildes genügend Zeit einzuplanen. Wählen Sie am besten einen anderen Ort als Ihre Praxis, sorgen Sie

für ein ungezwungenes, offenes Klima, damit Sie und Ihre Mitarbeiter
der Kreativität freien Lauf lassen können.

**TIPP**

Investieren Sie in einen Fachmann! Er unterstützt Sie dabei, effizient
und strukturiert zu einem Ergebnis zu kommen und sorgt auch dafür,
dass dieser Prozess zum Teamgeist beiträgt.

Veränderungen, wie das Eintreten neuer Mitarbeiter, neue Kooperationen oder die Gründung einer Praxis-Gemeinschaft, wirken auf das gesamte Arbeitsumfeld ein. Stellen Sie deshalb rechtzeitig sicher, dass Ihr Leitbild die neuen Umstände berücksichtigt und somit weiterhin Orientierung für alle Praxismitarbeiter sein kann.

Gelingt es Ihnen, die Mitarbeiter für Ihre persönlichen und beruflichen Werte und Ziele zu begeistern, erzielen Sie die besten Ergebnisse. Die Ordinationskultur muss vom Arzt (der Führungskraft, die automatisch auch Vorbild ist) aktiv gelebt, unterstützt und eingefordert werden. Ein wertschätzender Umgang miteinander, eine angenehme Stimmung und relaxte Atmosphäre wirken sich enorm positiv auf die Leistungen aller aus. Ein aktiv gestaltetes Umfeld erhöht zudem die eigene Lebensqualität. Der Patient wird dieses angenehme Klima spüren und sich bei Ihnen wohl fühlen![1]

---

1 In Anlehnung an Schüller/Dumont, 2004, Springer-Verlag.

Ein Beispiel aus der Praxis:

Mit dem Leitbild haben Sie nun wesentliche Teile Ihrer Praxisidentität, die Basis für Ihre Corporate Identiy erarbeitet. Sie setzt, wie im letzen Kapitel ausführlich beschrieben, die Philosophie in das Verhalten, das Aussehen und den Auftritt Ihrer Ordination nach innen und außen um.

# Mitarbeiterführung als Teil des Praxismarketings

Personalmarketing ist ein wichtiger Baustein für nachhaltigen Erfolg und gesteigerte Lebensqualität, vor allem für das „Unternehmen Arztpraxis." In diesem Verbund sind die Mitarbeiter der „wertvollste", kreativste und heikelste Dienstleistungsfaktor. Deshalb haben alle Themen rund um das Personal auch für den Arzt große Bedeutung. Die Mitarbeiter sind ein unumstritten wichtiger Baustein im Marketing erfolgreicher Praxen.

Vielleicht sagen Sie sich jetzt: „Nun soll ich mich auf noch auf die Bedürfnisse der Mitarbeiter konzentrieren? Als Arzt habe ich mich um Patienten zu kümmern!"

Damit haben Sie zweifellos recht, denn genau das ist der springende Punkt: In einer Praxis, in der die Patienten schon von einer motivierten Mitarbeiterin aufmerksam begrüßt werden, freundlichen Gesichtern begegnen, kompetente Auskünfte erhalten und spüren, dass „alles reibungslos läuft", fühlen sie sich gut aufgehoben.

Personalmarketing trägt dazu bei, die Wertschöpfung zu optimieren. Attraktive und effiziente Gestaltung der Arbeitsbedingungen und bewusste Entwicklung lassen Mitarbeiter geistig zu „Mitunternehmern des Unternehmens Arztpraxis" werden.

Was genau wird ist Personalmarketing? Im Personalmarketing wird ziel(gruppen)-bezogen auf die Instrumente und Inhalte aller personalwirtschaftlichen Funktionen zurückgegriffen. Hauptziel ist es, Arbeitsumfeld und -bedingungen so zu gestalten, dass die Zusammenarbeit mit qualifizierten und motivierten Mitarbeitern langfristig sichergestellt ist. Die Maßnahmen richten sich an vorhandene und potenzielle Mitarbeiter bzw. Bewerber.

Das **interne Personalmarketing** bezieht sich auf bereits vorhandene Mitarbeiter und kann durch folgende Elemente beschrieben bzw. unterstützt werden:

- Leitbild der Praxis (Image, Sinn des Tuns);
- Weiter- & Fortbildungsmöglichkeiten → Personalentwicklung;
- gerechte Vergütung;
- Leistungsanreize;
- soziale Leistungen des Unternehmens (Altersfürsorge);
- Job-Rotation/Job-Enrichment /Job-Enlargement.

Das **externe Personalmarketing** bezieht sich auf „neu zu gewinnende" Mitarbeiter und kann durch folgende Elemente beschrieben bzw. unterstützt werden:

- Vergabe von Praktika und Diplomen;
- Bekanntheit/Image der Praxis;
- Anbieten einer interessanten Ausbildung;
- Artikel/Annoncen in Fachzeitschriften;
- Jobangebote;
- marktübliche Vergütung plus X (Incentives, Boni, Benefits);
- Bewerbermanagement.

Jeder Arzt, dem Mitarbeiter unterstellt sind, ist gleichzeitig auch Führungskraft. Seine Aufgabe besteht darin, die Mitarbeiter dazu zu bewegen, das zu tun, was er von ihnen erwartet. Eine einfache Aufforderung oder Anweisungen im Befehlston reichen (heute) nicht (mehr). Jeder Mensch reagiert unterschiedlich auf die Anreize und die Ansprache seines Vorgesetzten. Der Praxisbetreiber muss erkennen, wie er seine Mitarbeiter motivieren kann.

Besonders wichtig dabei ist das persönliche Gespräch, denn dabei tauschen Sie Informationen aus und lassen sich von Ihren Mitarbeitern informieren und beraten; geben Sie Wissen, Erfahrung, Know-how Mitarbeiter weiter; teilen Sie Entscheidungen mit; vermitteln Sie Wünsche und Ziele; üben Sie Kritik und geben Anerkennung.

Für gutes Personalmarketing sind zahlreiche Fragen sind zu beachten (Antworten darauf geben die folgenden Kapitel):

- Wie führen Sie erfolgreiche Mitarbeitergespräche?
- Wie motivieren Sie Mitarbeiter nachhaltig, ohne dass die weit verbreitete Befürchtung eintrifft, sie wachsen Ihnen bei einem „Mitspracherecht" über den Kopf?
- Wie binden Sie die Mitarbeiter an Ihre Praxis?
- Wie schafften Sie es, dass alle an einem Strang ziehen, Freude an der Arbeit haben, auch wenn der Umgang mit kranken Menschen alles andere als einfach ist?

Wichtigste Voraussetzung für erfolgreiche Kommunikation ist, dass Sie und Ihre Mitarbeiter „zusammenpassen", dass „die Chemie stimmt". Deshalb beginnt Personalmarketing bereits bei der Auswahl der richtigen Mitarbeiter.

## Die richtigen Mitarbeiter finden

Die richtigen Mitarbeiter zu beschäftigen, ist heute ein wesentlicher Wettbewerbsvorteil für das „Unternehmen Arztpraxis". Diese Tatsache sollte bereits bei der Auswahl neuer Mitarbeiter einkalkuliert werden. Wer dabei erfolgreich ist, spart sich später Zeit und eine Menge Konflikte sowie finanzielle Mittel.

Folgendes sollten Sie wissen: „Welche Mitarbeiter brauchen Sie wofür und wie erkennen Sie die Fähigkeiten eines Bewerbers richtig." Nur wenn Sie sich mit diesen Fragen auseinandergesetzt haben, gelingt es auch, die Fähigkeiten der Mitarbeiter optimal für die Praxis einzusetzen.

## Mitarbeiter per Inserat suchen

In Arztpraxen stellen die Mitarbeiter den größten Kostenfaktor dar, so dass hier die meisten Sparmaßnahmen vorgenommen werden. Gleichzeitig sind die Mitarbeiter aber einer der größten Aktivposten einer Praxis.

Machen Sie sich deshalb klar, um welche Investition es eigentlich geht, wenn Sie einen Mitarbeiter einstellen. Er verursacht im Jahr durchschnittlich Kosten zwischen ca. 25.000,00 und 40.000,00 Euro. Im Vergleich dazu werden bei Investitionen in Sachgüter aufwändige Vergleiche vorgenommen und Auswahlverfahren durchgeführt; Besprechungen mit unterschiedlichen Spezialisten sind meist selbstverständlich.

Bei der Mitarbeiterauswahl verlassen sich die meisten Ärzte aber auf „ihr Gefühl". Das Vertrauen auf die eigene Menschenkenntnis, das „G'spür für den richtigen Mitarbeiter/Menschen", die „jahrelange Erfahrung", der „gute Riecher" usw. sind allerdings genauso so verlässlich wie das Lesen im Kaffeesatz.

Eine Fehlentscheidung in diesem Bereich kann sehr teuer kommen: Wiederholtes Schalten von Stellenanzeigen, Bewerbungsgespräche, Einarbeitungszeiten, zusätzlich benötigtes Aushilfspersonal bei vermehrten Ausfällen, unzufriedene Patienten, ein gestörtes Betriebsklima, eine chaotische Organisation. Doch damit nicht genug, es folgen auch noch viele andere Kostentreiber.

Dennoch wird der Auswahl eines neuen Mitarbeiters fast nie die gleiche Aufmerksamkeit gewidmet und genauso viel Energie investiert, wie bei einer anderen Investitionsentscheidung in viel geringerer Größenordnung.

**TIPP**

Gute Mitarbeiter sind Goldes wert – ein paar Euro mehr für eine Stellenanzeige machen sich bezahlt!

Zeitungsinserate kosten Geld. Dabei sollte aber bedacht werden, dass die Zeit für Bewerbungsgespräche und eine Fehlbesetzung erst recht Kosten verursachen. Schon ein gut durchdachter und professionell gestalteter Anzeigentext ermöglicht eine Vorselektion, was Zeit und Kosten spart.

„Der Ton macht die Musik!" Diese Weisheit gilt – wie in der gesamten Kommunikation – auch für Stellenanzeigen. Nimmt man gängige Stellenanzeigen unter die Lupe, dann fällt auf, dass meist von „Teamfähigkeit", „Belastbarkeit" und „überdurchschnittlicher Leistungsbereitschaft" die Rede ist. Was diese standardisierten Phrasen den Arbeit Suchenden genau vermitteln sollen, bleibt unklar.

Die meisten Stellenanzeigen für Praxen sind wie Anforderungsprofile formuliert und nicht mehr als reine Stellenbeschreibungen. Erforderliche Kenntnisse und Voraussetzungen werden im Detail beschrieben, das „Angebot" fehlt jedoch.

# Mitarbeiterführung

Die Mitarbeiter verbringen – so wie Sie selbst – einen Großteil der Zeit in Ihrer Praxis.

Es ist also durchaus verständlich, wenn sich Stellensuchende für das Arbeitsumfeld interessieren, das ihren Stärken, Anforderungen und Bedürfnissen entgegenkommt. Gute Kräfte haben immer eine gute Stellenauswahl, deshalb ist es wichtig, auch Stelleninserate emotional gut aufzubereiten.

Umfragen bei Arbeit suchenden Arzthelferinnen, denen verschiedene Stelleninserate vorgelegt wurden, brachten eine interessante Erkenntnis: Der ausführlichste Text mit den freundlichsten Formulierungen, in dem von Team und Integration, aber auch von höchsten Anforderungen an die gesuchte Helferin, der Erwartung eines überdurchschnittlichen Einsatzes etc. die Rede war, bekam den größten Zuspruch von engagierten Top-Kräften. Die knappe Aussage: „Arzthelferin für allgemeinmedizinische Praxis gesucht" bewirkte so gut wie kein Interesse.[1]

Bevor mit dem Texten einer Stellenanzeige begonnen wird, sollten einige Fragen beantwortet werden (siehe Checkliste „Inhalte einer erfolgreichen Stellenanzeige").

Gestalten Sie Ihr Stelleninserat bewusst als emotional ansprechende, kreative Werbung für die Praxis, um möglichst viele gute Bewerber anzusprechen. Fordern Sie nicht nur, sondern bieten Sie auch attraktive Aspekte. Beschreiben Sie Ihre Praxis positiv: „Junges, begeistertes Team sucht Verstärkung." Informieren Sie über ein gutes Arbeitsklima, die Arbeitszeiten, gesicherten Arbeitsplatz, eventuelle Benefits wie betriebliche

---

1 Quelle: Webseite der Kassenärztlichen Vereinigung Westfalen-Lippe; www.kvwl.de.

## INHALTE EINER ERFOLGREICHEN STELLENANZEIGE

○ Wie beschreiben Sie Ihre Praxis?

○ Wie lautet Ihre Praxisphilosophie (Leitbild)?

○ Was ist das Besondere an Ihrer Praxis?

○ Wer und wie sind die Kollegen?

○ Wie sieht das Umfeld aus?

○ Welche Informationen sind für die Bewerber besonders interessant?

○ Was sind die konkreten Aufgaben des künftigen Mitarbeiters?

○ Was ist der Sinn der jeweiligen Aufgabenstellung?

○ Welche Ausbildung muss der Bewerber haben?

○ Wie viel Erfahrung muss er bereits mitbringen?

○ Wie gestalten Sie die Arbeitszeiten?

○ Was ist Ihr Angebot als Arbeitgeber?

Altersvorsorge, Fahrtkostenerstattung, flexible Arbeitszeitgestaltung usw. Machen Sie Ihre Praxis interessant – so ziehen Sie Interessenten an!

## Auswahl und Auswertung von Bewerbungsunterlagen

Auf eine gelungene Stellenanzeige kommt meist eine Flut von Bewerbungen. Gehen Sie nun strukturiert vor, damit Sie nicht den Überblick verlieren. Prüfen Sie nochmals das ausgearbeitete Anforderungsprofil, denn es hat großen Einfluss auf den eigentlichen Auswahlprozess.

## Das Einstellungsgespräch

Die gängigste Auswahlmethode ist das persönliche Einstellungsgespräch. In 30 bis 45 Minuten gilt es herauszufinden, ob ein Bewerber einen Arbeitsplatz mit einer Vielzahl unterschiedlicher Anforderungen gut ausfüllen wird oder nicht. Ohne ausreichende Vorbereitung bringt ein „nettes Gespräch" gar nichts. So wird lediglich eine Flut unstrukturierter Bewerberinformationen gesammelt, die nicht optimal zur Entscheidungsfindung beitragen.

### Das Kernstück des Interviews

Das Anforderungsprofil beschreibt Anforderungskriterien wie „Teamfähigkeit", „selbständiges Handeln" usw. anhand konkreter Verhaltensweisen. Ziel des Interviews ist es herauszufinden, inwieweit der Bewerber die gewünschten Verhaltensweisen in den entscheidenden Arbeitssituationen an den Tag legt.

Bereiten Sie sich daher gut auf das Interview vor. Welche Fragen werden Sie stellen?
Wie werden Sie die Fragen stellen? Beispiele:

- Arbeiten Sie lieber im Team oder allein?
- Was macht Ihnen an Ihrer Tätigkeit am meisten Spaß?
- Welche Aufgaben erledigen Sie nicht so gerne?
- Wie gehen Sie mit schwierigen Patienten um?
- Was machen Sie im Falle einer Beschwerde?
- Was ist Ihrer Meinung nach das Wichtigste in Ihrer Tätigkeit?

Fragen nach Stärken und Schwächen halte ich persönlich für sinnlos. Jede Stärke kann gleichzeitig eine Schwäche sein und umgekehrt. Außerdem sind Antworten auf diese Frage zumeist „einstudiert" und haben mit der Realität nichts zu tun.

Erkundigen Sie sich besser nach den privaten und beruflichen Zielen. Achten Sie weiters bewusst darauf, was Aussehen, Auftreten und Körpersprache des Bewerbers mitteilen. Ist er

- freundlich?
- offen?
- gewinnend?
- selbstbewusst?
- schüchtern?
- begeistert?
- entspannt?
- nervös?
- direkt?
- diplomatisch?
- usw.

### Die Interview-Auswertung

Während des Interviews sollten Notizen gemacht werden, denn nach einiger Zeit verzerrt unsere Erinnerung die Realität; Inhalte werden vermischt (*hat sie nicht erwähnt, dass … ???*). Der subjektive Eindruck überlagert dann die sachlichen Inhalte.

Die Aufzeichnungen sind anschließend an die Interviews die wichtigste Voraussetzung für eine effektive und möglichst objektive Auswertung.

TIPP

**TIPP**

Viele Bewerber bereiten sich heute in Seminaren systematisch auf Bewerbungsgespräche vor und sind damit dem einstellenden Arzt oft weit überlegen. Besuchen Sie doch ein Seminar oder Workshop zu diesem Thema – es lohnt sich bestimmt. Die meisten Ärzte würden erschrecken, wenn sie die Höhe der Kosten erfahren, die ihnen ungeeignete Mitarbeiter bescheren. Bereits bei der Neueinstellung können Sie mit der Kostensenkung beginnen, indem Sie die richtigen Mitarbeiter einstellen.

## Mitarbeiter langfristig motivieren

Der Umgang mit kranken Menschen bringt vermehrt schwierige Situationen mit sich und erfordert ein hohes Maß an (Selbst-)Motivation. Motivation ist ein schwer fassbarer Begriff. Der eine Mitarbeiter macht die eine Aufgabe sehr gerne, ein anderer etwas ganz anderes, und ein dritter kann sich für gar nicht so recht begeistern.

Was können Sie also tun, um auch Ihre Mitarbeiter zu motivieren? Die wichtigste Erkenntnis ist, dass jeder Mensch andere Motivatoren hat – das sollte jede Führungskraft akzeptieren!

Sehr oft glaubt der Vorgesetzte, dass das, was ihn selbst begeistert und motiviert, auch für seine Mitarbeiter gilt. Er versucht diese dann in derselben Art anzusprechen und zu begeistern, wie er es bei sich selbst tut – doch das ist falsch.

## Was ist Motivation?

Motivation (lateinisch motus = die Bewegung) bezeichnet in den Humanwissenschaften sowie in der Ethologie einen Zustand des Organismus, der die Richtung und die Energetisierung des aktuellen Verhaltens beeinflusst. Mit der Richtung des Verhaltens ist insbesondere die Ausrichtung auf Ziele gemeint. Energetisierung bezeichnet die psychischen Kräfte, die das Verhalten antreiben.

Ganz allgemein sprechen wir von Motivation, wenn wir bei Menschen eine Verhaltensbereitschaft- oder änderung feststellen. Wir sagen dann, dass ihn ein innerer Antrieb zu diesem oder jenem Verhalten bewegt. Meistens sprechen wir dann von Motivation, wenn seine Handlungsweise zielgerichtet oder zielstrebig ist; etwa in dem Sinn, dass der Mensch ein bestimmtes Ziel erreichen will oder eine Aufgabe erfüllen muss:

- Alle Menschen haben eine Motivation, ein Motiv oder ein Bedürfnis, etwas Bestimmtes zu tun oder zu unterlassen.
- Wenn Sie andere „motivieren wollen", kommt es darauf an zu erkennen, mit welchen externen Reizen Sie seine Motivation ansprechen können.
- Bei jedem Menschen wirken andere Reize.
- Sie können auch für sich selbst die Reize auslösen, um sich selbst zu motivieren.

Überlegen Sie und schreiben Sie auf:

- Was macht Ihnen bei Ihrer Arbeit Spaß?
- In welchen Situationen hatten Sie besondere Erfolgserlebnisse?
- Was kann Sie motivieren?

Ein weiterer wichtiger Baustein für die (Selbst-)Motivation sind persönliche Ziele. Diese sollten sowohl langfristig, mittelfristig als auch kurzfristig sein.

Lösungen können Sie für sich erarbeiten, Ihre Ziele sollten Sie aufschreiben. Beim Formulieren derselben beachten Sie die folgenden Kriterien:

- So konkret und spezifisch wie möglich.
- Kontrollierbar, messbar und erreichbar.
- Formulieren Sie Etappenschritte und Teilziele.
- Geben Sie sich Termine für die Zielerreichung vor.
- Achten Sie auch auf die anderen Lebensbereiche: Gesundheit, Familie, Freizeit, Geld etc.
- Bleiben Sie realistisch und fordern Sie sich gleichzeitig auch heraus: Finden Sie den richtigen Mix. Arbeiten Sie mit Bandbreiten.
- Seien Sie tolerant, um nicht frustriert zu sein, wenn Sie ein Ziel beim ersten Anlauf nicht zu 100 Prozent erreichen.
- Bleiben Sie sich selbst treu.[2]

Wenn Sie die Motivatoren Ihrer Mitarbeiter herausfinden wollen, müssen Sie Gespräche führen. Wer lange Zeit sehr gute Leistungen bringen will, muss wissen, warum er etwas tut. Er muss den Sinn seines Einsatzes (er)kennen. Diesen Sinn muss sich jeder selbst geben. *Motivation hat also sehr viel mit der eigenen Persönlichkeit zu tun.*

Geben Sie auch Ihren Mitarbeitern die Möglichkeit, ihre Ziele festzuhalten. Besprechen Sie die Ergebnisse im Rahmen eines persönlichen Mitarbeitergespräches. Die Ergebnisse zeigen Ihnen deutlich, ob der Mitarbeiter auch in Zukunft der richtige für Ihre Ordination ist!

---

2 Vergleiche dazu auch „Ziele realistisch und klar formulieren", Seite 28.

Ein wirkungsvolles Instrument, um das gesamte Praxisteam langfristig zu begeistern, ist das gemeinsame Entwickeln des Praxisleitbildes. Berücksichtigen Sie die Ergebnisse aller „Selbstbefragungen" beim Entwickeln oder Überarbeiten Ihres Ordinationsleitbildes. Ein Ordinationsleitbild, das gemeinsam mit den Mitarbeitern entwickelt wird, ist Orientierung und Motivation zu gleich. Sie beeinflusst die „Energie" des Unternehmens Arztpraxis, den Umgang miteinander und wirkt sich dadurch auf die Atmosphäre in der Praxis aus.[3]

Selbstverständlich haben wir alle lieber mit motivierten, freundlichen und verständnisvollen Menschen zu tun, gerade wenn wir krank sind oder Schmerzen haben. Patienten wählen heute Ordinationen mit „gutem Klima".

## Mitarbeitergespräche als wertvolles Instrument zur Personalführung

Ein wesentlicher Teil der innerbetrieblichen Kommunikation – und gleichzeitig ein wertvolles und wichtiges Führungsinstrument – sind Mitarbeitergespräche. Das Mitarbeitergespräch hilft, Abläufe zu optimieren, es erleichtert die sinnvolle Weiterentwicklung der Mitarbeiter und verlangt von allen Beteiligten eine Überprüfung der gesetzten Ziele. Dass Sie als „Chef" ganz klare Vorstellungen und Erwartungen haben und diese auch mitteilen, ist besonders wichtig. Lassen Sie sich aber ruhig auch von einem Mitarbeiter umstimmen, wenn er klare Argumente hat.

---

3 Siehe dazu auch „Das Praxisleitbild: Erfolgsmotor für Ihre Praxis – Motivation für Sie und Ihre Mitarbeiter", Seite 61.

# Mitarbeiterführung

Bleiben Sie mir Ihren Mitarbeitern im Dialog, führen Sie regelmäßig formelle und informelle Gespräche. Damit bauen Sie ein echtes Vertrauensverhältnis auf und erlangen so einen positiven Ruf als Vorgesetzter und Mensch, was für einen Arzt nicht unwesentlich ist.

Mit regelmäßigem Feedback schaffen Sie Klarheit und legen damit die Basis für wirkliche Loyalität und Engagement Ihrer Mitarbeiter. Dabei geht es aber um weit mehr, als sich ab und zu mal zusammenzusetzen und ein paar Gedanken und Ideen auszutauschen, den Mitarbeitern nur Anweisungen zu geben, Monologe über die eigene Sichtweise zu halten, zu loben und zu tadeln, um dann wieder zum Praxisalltag überzugehen. Selbst dort, wo die Kommunikation klappt, bleibt in der Hektik des Geschehens oft das Gespräch zwischen Führungskraft und Mitarbeiter auf aktuelle Tagesthemen beschränkt.

Nutzen Sie das Potenzial von Mitarbeitergesprächen. Planen Sie diese Gespräche mit klaren Zielen und führen Sie sie engagiert und verantwortungsvoll durch (siehe Checklist „Vorbereitung Mitarbeitergespräch"). Damit haben Sie die Chance, das Potenzial Ihrer Mitarbeiter zu erkennen und es gezielt zu entwickeln. Wertvolle, kreative Ideen bleiben nicht mehr unerkannt.
Besprechen Sie mit Ihren Mitarbeitern regelmäßig:

- Zielsetzungen,
- Aufgaben,
- Ergebnisse,
- Leistung,
- die Zusammenarbeit,
- das Betriebsklima und
- berufliche Entwicklungsmöglichkeiten.

## VORBEREITUNG MITARBEITERGESPRÄCH

- Treten Sie „bewusst" objektiv und neutral auf.
- Bereiten Sie Ihre Vorschläge zu den jeweiligen Themen vor.
- Legen Sie die jeweiligen Gesprächsziele fest.
- Achten Sie auf Ihre „Gesprächsgrundhaltung".
- Berücksichtigen Sie die Erwartungen und Wünsche Ihrer Mitarbeiter an dieses Gespräch.
- Legen Sie einen regelmäßigen Fixtermin fest.
- Wählen Sie einen geeigneten Ort in Ihrer Praxis.
- Schaffen Sie eine fördernde Atmosphäre durch Sitzordnung und lassen Sie keine Störungen von außen zu.
- Planen Sie für das Gespräch ausreichend Zeit ein.

Auf diese Weise erhält jeder Mitarbeiter laufend ein klares Bild davon, wie Sie ihn sehen und was Sie erwarten. Sie selbst erfahren Ihre eigenen Stärken und Schwächen und wie Sie gegebenenfalls Korrekturen vornehmen können.

Besonders wichtige Themen für regelmäßige Mitarbeitergespräche sind:

- Aufgaben delegieren.
- Aufgabenstellungen klären.
- Maßnahmen planen.
- Wichtige Informationen vom Mitarbeiter einholen.
- Dem/den Mitarbeiter(n) eine wichtige Mitteilung machen.
- Zwischen mehreren Mitarbeitern in einer Konfliktsituation schlichten müssen.
- Mit dem Mitarbeiter über seine Leistungen sprechen (Einzelgespräch).
- Mit dem Mitarbeiter Ziele vereinbaren.
- Das Praxisleitbild besprechen.

Mit regelmäßigen Mitarbeitergesprächen bringen Sie das Fähigkeits-, Leistungs- und Persönlichkeitspotenzial im Interesse der Mitarbeiter und im Interesse Ihrer Praxis zur Geltung. Für die Vorbereitung und den Ablauf eines Mitarbeitergesprächs sind Sie als Vorgesetzter verantwortlich. Sorgen Sie dafür, dass ein faires Gespräch geführt wird und der Mitarbeiter ausreichend zu Wort kommt. Unerlässlich ist ein Konzept, das sicherstellt, dass die Ergebnisse dieser Gespräche auch Auswirkungen haben.

# Zeitmanagement

## Therapeutische Essenz gegen die Zeitnot

Zeitnot ist im Berufsalltag für viele Ärzte ein unliebsamer Begleiter. Die Ursachen dafür gelten auch für viele andere Bereiche: Die immer größer werdende Geschwindigkeit des Lebens und die steigenden Anforderungen. Die Diagnose: Überforderung. Die Auswirkungen: Immer mehr Burn-out-Opfer und hohe Selbstmordraten bei Ärzten.

Als Arzt möchten Sie Ihren Patienten ausreichend Zeit widmen, benötigen aber auch selbst Zeit für Fortbildung, Paxisorganisation – und Management. Und dann sind da noch die Familie, der Freundeskreis und damit verbundene Verpflichtungen.

Genau hier setzt Zeitmanagement an. Zeit ist eine kostbare Ressource, mit der es hauszuhalten gilt. Die Zeit optimal nutzen zu können, wünscht sich jeder. Im Praxisalltag soll Zeitmanagement dabei helfen, sinnvoll zu planen, Prioritäten zu setzen und Zeitverschwendung zu vermeiden.

Gutes Zeitmanagement ist eine der Schlüsselqualifikationen für Motivation und Erfolg. Optimales Zeitmanagement schafft die Voraussetzung dafür, die eigenen Fähigkeiten und die der Mitarbeiter besser einsetzen zu können! Ein bewusster Umgang mit Zeit im Beruf lässt sich erlernen. Bereits nach kurzer Zeit stellen sich erste Erfolge ein: Es bleibt mehr Zeit für das Wesentliche – unabhängig davon, was das für den Einzelnen ist.

Bevor Sie sich jedoch für effektives Zeitmanagement entschließen, müssen Sie sich eine Frage stellen, die auf den ersten Blick etwas absurd klingt. Wollen Sie überhaupt mehr Zeit haben?

# Zeitmanagement

Anscheinend gestresste Menschen, die von einem Termin zum nächsten hetzen, fühlen sich bedeutend, gebraucht und wichtig. Zeitmanagement soll mehr Zeit verschaffen, auch für sich selbst. Fragen Sie sich deshalb ehrlich, ob und wie Sie diese überhaupt zu nutzen wüssten.

Zeitplanung braucht Zeit. Viele Ärzte meinen, keine Zeit für eine ordentliche Zeitplanung zu haben. Das ist allerdings nur sehr kurzfristig gedacht. Denn schließlich verkürzt sich durch eine sorgfältige Zeitplanung der erforderliche Arbeitsaufwand. Gleichzeitig wird sich häufig auch die Qualität der erzielten Ergebnisse deutlich verbessern.

## Die Entdeckung der Langsamkeit

Ziel ist, die Leistung zu steigern und nicht die Arbeit. Es geht nicht darum, die Arbeitsgeschwindigkeit immer mehr zu hochzutreiben, um möglichst viel Arbeit in möglichst wenig Zeit zu erledigen. Das moderne Zeitmanagement entdeckt die Langsamkeit. Zeitmanagement hilft Ihnen und Ihren Mitarbeitern dabei, effektiver zu arbeiten.
Am Ende muss das Ergebnis der Arbeit stimmen. Eine dauerhaft gute Leistung benötigt Auszeiten, Freizeit und Zeitrituale.

Welche Strategien und Techniken man auch immer im Umgang mit seiner Zeit verfolgt bzw. anwendet, hat es doch stets damit zu tun, wie man sein Leben „organisiert". Damit ist Zeitmanagement eigentlich Selbstmanagement. Wichtig ist, den eigenen Standpunkt und die eigenen Ziele zu überprüfen, auch auf lange Sicht. Das beste Selbstmanagement nützt nichts, wenn es den Arbeitsabläufen im Team zuwiderläuft. Zu einem gelungenen Zeitmanagement gehört deshalb Flexibilität, es erfordert soziale Kompetenz und ist ohne andere „Soft Skills" wie Teamfähigkeit, Einfühlungsvermögen und kommunikative Begabung nichts wert.

## Das Ziel ist menschliches Maß

Gute Zeitplanung heißt, Entscheidungen klar und bewusst zu treffen. Es geht um eine gute Balance zwischen effizientem Arbeiten und kreativer Muße. Das Ziel ist menschliches Maß und nicht Perfektion! Auswirkungen eines guten Zeitmanagements sind:

- Mehr Übersicht über anstehende Arbeiten.
- Schaffung klarer Prioritäten.
- Mehr Freiraum für Kreativität.
- Stressabbau und -vermeidung.
- Mehr Freizeit und sinnvollere Freizeitgestaltung.

## Konzentration auf das Wesentliche

Aufgaben werden effizienter und effektiver bearbeitet. Probleme und Stolpersteine lassen sich dann frühzeitig erkennen und sind mit geringem Aufwand zu korrigieren. Ausgefeilte Arbeitstechniken beeinflussen also unsere Leistungsfähigkeit, vermindern den Leistungsdruck, erhöhen unsere Produktivität und damit unseren Erfolg.

**TIPP**

- Schreiben Sie alle Aufgaben des kommenden Tages auf.

- Schätzen Sie die Länge des Zeitbedarfs für die jeweiligen Aufgaben möglichst realistisch und notieren Sie sofort – am besten gleich neben jeder einzelnen Aufgabe.

- Prüfen Sie nun, ob alle geplanten Aufgaben auch zu schaffen sind. Rechnen Sie Pufferzeiten für Unvorhergesehenes ein: 60% für die Arbeitszeit, 40% für Unterbrechungen und Unvorhergesehenes.

- Treffen Sie Entscheidungen, z.B. darüber
  - was delegiert werden kann,
  - was für den geplanten Tag eventuell gestrichen werden kann.

- Legen Sie die Reihenfolge der geplanten Aufgaben fest.

- Überprüfen Sie Ihre Planung abschließend nochmals.

Sie meinen, das funktioniert nicht in einer Arztpraxis, denn Sie wissen ja nicht, wie viele Patienten mit welchen Anliegen am nächsten Tag in Ihrer Praxis erscheinen? Nun, das können Sie sicher nicht zu 100 Prozent abschätzen, aber mit Hilfe einer guten und durchdachten Terminplanung lässt sich durchwegs sehr gut abschätzen, was Sie am kommenden Tag in der Praxis erwartet. Auch in anderen Berufen gibt es laufend Überraschungen, denen sich die Betroffenen stellen müssen.

**TIPP**

Gönnen Sie sich und Ihren Mitarbeitern einmal eine Fortbildung zu diesem Thema. Die Investition wird sich lohnen!

Probieren Sie es doch einfach einmal aus! Nach und nach haben Sie immer mehr Zeit „übrig" – nutzen Sie diese für Dinge, die Ihnen Spaß machen und für die Sie bisher immer zu beschäftigt waren!

Bis jetzt haben wir uns intensiv mit dem strategischen Teil der Marketingplanung auseinandergesetzt. Nachdem Sie Ihre strategische Positionierung festgelegt, den USP erarbeitet, Ihre Corporate Identity entwickelt und sich mit Ihrer Personalpolitik auseinander gesetzt haben, bietet Ihnen das operative Marketing viele weitere Möglichkeiten, Ihre Praxis auf Erfolgskurs zu führen und die Loyalität der Patienten zu steigern. Die nun folgenden Kapitel sollen Anregungen dazu liefern.

# Benchmarking

## „LERNEN VON DEN BESTEN"

Benchmarking bedeutet für Ärzte, Abläufe, Leistungsangebote, Serviceleistungen, Strategien, Strukturen, Aktivitäten, Praxiskulturen etc. mit denen der „besten" Praxen zu vergleichen. Die Durchführung geht weit über eine reine Wettbewerbsanalyse hinaus. Der Suche nach „unternehmerischen" Spitzenleistungen anderer Praxen folgen das Sammeln und Analysieren von Fakten und eine Dokumentation der dahinter liegenden Prozesse (Best Practice). Wer einem solchen Vergleich offen gegenüber steht, kann einiges für die eigene Praxis „lernen".

*„Benchmarking ist ein Prozess der Selbstverbesserung, der andauern muss, um effektiv zu sein. Es kann nicht einmal durchgeführt und danach ignoriert werden, in dem Glauben, die Aufgabe sei erledigt ... In einer Umgebung ständiger Veränderung ist Selbstzufriedenheit tödlich."*
*(Robert C. Camp)*

Benchmarking ist kein „Allheilmittel", das nach einmaliger Durchführung alle Probleme lösen kann. Um mit Benchmarking langfristig erfolgreich sein zu können, ist es notwendig, dieses Konzept als ein andauerndes Projekt in das Praxismanagement zu integrieren. Das bedeutet, immer wieder von neuem Benchmarking-Projekte durchzuführen.

### Die vier Schritte eines Benchmarking-Projektes

#### Schritt 1: Auswahl der Benchmarking-Objekte

Zunächst müssen Sie die wichtigsten Problembereiche Ihrer Praxis herausfinden, die mit Hilfe eines Benchmarkings verbessert werden sollen. Hier stellt sich also die Frage: Was soll gebenchmarkt werden?

## Schritt 2: Auswahl der Benchmark-Partner

Suchen Sie einen oder mehrere Benchmarking-Partner, von denen Sie lernen können. Sie können intern bestimmte Abläufe und Bereiche miteinander vergleichen, sich mit Mitbewerberpraxen messen, deren Behandlungs- oder Therapiemethoden, Praxiskonzept oder -marketing als führend gelten. Hier geht es also vor allem um die Frage: Mit wem vergleichen ich mich?

## Schritt 3: Durchführung der Untersuchung

Nachdem Sie geklärt haben, was gebenchmarkt werden soll und der richtige Partner gefunden ist, kommt es zur Gegenüberstellung der Benchmark-Objekte. Schwachpunkte müssen erkannt und die zugrunde liegenden Ursachen erkannt werden. Hier müssen die Fragen: Wo bestehen Leistungslücken? und Warum bestehen sie? beantwortet werden.

## Schritt 4: Umsetzung

In der letzten Phase planen Sie jene Maßnahmen, die aus den Ergebnissen der Vergleiche abgeleitet wurden und setzen Sie anschließend um. Sie stellen sich also die Fragen: Was ist zu tun? Wie sind die gesteckten Ziele zu erreichen? Wie setzen wir das gewonnene Wissen und neue Erkenntnisse in unserer Praxis um?

Nach Beachtung dieser vier Schritte können Sie ein neues Benchmarking-Projekt starten.

**TIPP**

Fragen Sie Ihren Steuerberater nach Vergleichszahlen (Benchmarks). Immer mehr Kanzleien bieten Ihren Klienten Benchmarking bezüglich betriebswirtschaftlicher Kennzahlen an. Aber Achtung! Brauchbare Auswertungen kann Ihnen nur eine auf Ärzte spezialisierte Kanzlei bieten.

# Service ist eine mächtige Dimension im Portfolio der strategischen Positionierung

## Warum wechseln Patienten den Arzt?

Warum wechseln Patienten den Arzt? Die meisten fühlten sich nicht gut aufgehoben – nicht aufmerksam genug betreut. Der Großteil jener Patienten, die wechseln, tun dies wegen „Kleinigkeiten" wie:

- fehlende Wertschätzung,
- das Gefühl „Ich störe",
- nicht ernst genommen werden,
- unfreundliches Verhalten,
- mangelnde Aufmerksamkeit.

In erster Linie suchen Patienten eine Lösung für „ihre Probleme". Diese werden nicht – wie allzu oft angenommen – allein durch die medizinische Versorgung gelöst, sondern auch durch „begleitende Serviceleistungen". Das sind Dienstleistungen, die dem Patienten einen größeren Nutzen der ärztlichen Kernleistung vermitteln oder Hilfestellung bei der Lösung des anstehenden Problems geben.

Dadurch vermitteln Sie Ihren Patienten Wertschätzung, Sicherheit, das Gefühl „gut aufgehoben" zu sein. Möchten Sie Ihre Patienten auf Dauer begeistern, ist „Service" also auch für Sie als Arzt ein wichtiges Thema. Um die geplanten Maßnahmen realisierbar zu machen und sicher zu stellen, dass sie im Praxisalltag erfolgreich umgesetzt werden können, empfiehlt es sich, eine „Servicestrategie" für die Praxis zu entwickeln. Diese Strategie muss alle Aufgaben berücksichtigen, die für den Aufbau, die Entwicklung und die Pflege sämtlicher Serviceaktivitäten für Patienten notwendig sind. Auch hier ist die Einbindung der Mitarbeiter zu empfehlen.

Wichtige Schritte dabei sind:

### Schritt 1: Prüfen Sie die aktuelle Situation

- Welche Serviceleistungen bietet Ihre Ordination für Ihre Patienten?
- Wie empfinden Ihre Patienten diese Serviceleistungen?
- Auf welche Probleme Ihrer Patienten sind diese ausgerichtet?
- Welchen Nutzen bringen diese Serviceleistungen für Ihre Patienten?
- Mit wie vielen Patienten pflegen Sie regelmäßig Kontakte im Bereich des „Service"?

### Schritt 2: Planung weiterführender Maßnahmen

- Überlegen Sie, mit welchen zusätzlichen Dienstleistungen Ihre Praxis die Patienten begeistern kann.
- Machen Sie den Dialog mit dem Patienten zu einem festen Bestandteil Ihres Praxisleitbildes.
- Arbeiten Sie regelmäßig an eigenen Ideen für Serviceleistungen – planen Sie dafür Zeit ein.
- Nutzen Sie die Serviceleistungen auch dafür, die eigentlichen Kernleistungen laufend zu verbessern. Einige Serviceleistungen können fester Bestandteil des Praxisalltages werden.

**TIPP**

Befragen Sie auch Ihre Patienten zu diesem Thema. Im Rahmen einer Patientenbefragung lässt sich die Wahrnehmung dazu ebenso gut erheben wie Wünsche und deren ungelöste Probleme.

## Ein konkretes Serviceangebot entwickeln

Nachdem Sie die oben angeführten Fragen beantwortet haben, können Sie daran gehen, ein konkretes Serviceangebot für Ihre Patienten zu entwickeln. Das Angebot muss folgende Anforderungen erfüllen:

- Sie müssen sich klar machen, was Sie mit dem Service erreichen wollen. Wollen Sie Ihre Patienten enger an sich binden? Wollen Sie neue Patienten gewinnen? Wollen Sie Ihren Bekanntheitsgrad erhöhen? Wollen Sie die Vorteile einer neuen Behandlungsmethode bekannt machen?
- Die Serviceleistungen müssen zu Ihrer Praxis passen.
- Das Angebot muss exakt auf die Wünsche der Patienten ausgerichtet sein. Die Patienten müssen über den Service sagen können: „Ja, das hilft mir weiter", das „erleichtert mir das Leben".
- Es muss Ihnen und Ihren Mitarbeitern möglich sein, die geplanten Serviceleistungen professionell umzusetzen. Die Rahmenbedingungen müssen stimmen. Wenn erforderlich, sind organisatorische Abläufe im Praxisalltag zu ändern.

**TIPP**

Sammeln sie mit Ihrem Team Ideen für mögliche Serviceangebote. Sprechen Sie mit ausgewählten Patienten über diese Ideen. Wahrscheinlich sind einige Anregungen notwendig, ehe Sie eine gute Serviceleistung entwickeln können.

Wichtig ist, dass Sie in Ihrer Praxis ein innovatives Klima fördern, das Ihre Mitarbeiter dazu animiert und ermutigt, neue Ideen zu entwickeln. Nutzen Sie dazu alle Möglichkeiten – und sprechen Sie so oft wie möglich mit Ihren Mitarbeitern![1]

---

1 Informationen zu diesem Beitrag in Anlehnung an www.business-wissen.de

# Kommunikation

## Patienten wünschen mehr Kommunikation

Medizinische Kompetenz ist nicht das einzige Kriterium bei der Arztwahl. Laut einer Studie der Universität Heidelberg ist das Vertrauen in medizinische Werbung größer als jenes in Konsumgüterwerbung. Dies gilt sowohl für die Inhalte der Werbebotschaft als auch für die dahinter stehenden Personen. Internationale Studien haben gezeigt: Der Wunsch der Patienten nach mehr Information ist groß.

Werbemedien für Patienten müssen einen hohen Informationsgehalt aufweisen. Immer mehr Menschen informieren sich z.B. über das Internet: Mit Informationen muss also aufmerksam und sorgfältig umgegangen werden. Nur so lässt es sich vermeiden, dass falsche Hoffnungen geweckt und gerechtfertigte leicht zerstört werden. Qualität und patientengerechte Kommunikation (verständliche Texte, kein Fachchinesisch) sind demnach besonders wichtig.

*„Vor allem in Privatpraxen muss Dienstleistung mit einer hervorragenden Behandlung und Service kombiniert werden. In Zeiten des allgemeinen Preisvergleiches müssen die angebotenen Leistungen transparent erläutert und erklärt werden, damit der Patient den Unterschied in der Behandlung erkennt und die vergleichsweisen Mehrkosten akzeptieren kann."* (Dr. Johann Reichsthaler, Zahnarzt und Kieferorthopäde in Wien)

Die Studie „Marketing in der Medizin"(MiM) der Universität Heidelberg veranschaulicht, dass beispielsweise der Informationsgehalt von Internetseiten und Broschüren für Patienten erhebliche Defizite aufweist. Internetseiten sind in ihrem Informationsgehalt den gedruckten Broschüren sogar weit unterlegen.

Dabei gibt es zahlreiche Möglichkeiten zur aktiven Kommunikation mit Patienten, Interessenten und dem Praxisumfeld. Dazu zählen unter anderen Berichte über die Neueröffnung einer Arztpraxis oder neue Behandlungsmethoden. Auch Patientenfolder, die Sinn und Methode der Behandlungen patientengerecht erklären und darstellen, bieten zweifelsfrei Information und haben gleichzeitig einen Werbeeffekt.

*„Nach Ordinationseröffnung ist eine Aussendung zwecks Bekanntmachung ein ‚must‘, ebenso halte ich eine professionelle Internetpräsenz für essentiell – aber keine ‚Wischwaschi-Site‘. Die Leute wollen 1:1 wissen, wer man ist und welche Behandlungsschwerpunkte man bietet. Erwartet wird eine kompetente und verständliche Erklärung des medizinischen Angebotes. Und nicht zu vergessen: Ein durchdachtes und abgestimmtes Corporate Design vermittelt Kompetenz und sollte nicht das Resultat eines Grafikgrundkurses sein.“* (Dr. Bernd Gmeinhard, Dermatologe, hat 2004 in Wien seine eigene Praxis eröffnet)

Werbung kann die Qualität der Medizin betonen, auf Zusatzleistungen hinweisen, Patienten zu mehr Eigenverantwortung bewegen und zur Zuzahlung an Behandlungskosten aktivieren. Mit Werbung, die auf einem durchdachen Ordinationskonzept basiert, lässt sich ein positives Image festlegen.

Patienten-orientierte Kommunikation baut Vertrauen zum Arzt und seinem Team auf; sie steigert das Vertrauen in die Fähigkeiten des Arztes und seine Therapievorschläge. Dies wiederum ist maßgeblich für die Compliance des Patienten, trägt so zum Heilerfolg bei und kann sogar den Grundstein zu einem aktiven Gesundheitsmanagement legen.

Auf die Frage, was heute für den Erfolg einer Arztpraxis ausschlagge-
bend sei, meint Dr. Christoph Reisner, Präsident Verein Wahlärzte Österreich: „Das geschickte Nutzen von Kooperationsmöglichkeiten sowie die
exakte Auswahl des Standortes sind auch für die wirtschaftlich kalku-
lierte Honorargestaltung unabdingbar. Absolut notwendig sind Serviceleistungen wie Arzt- und Patientenbriefe, Hilfe bei der Abwicklung
mit den Krankenkassen, minimierte Wartezeiten und maximierte Arzt-
Patienten-Zeit. Dies alles natürlich mit dem Hintergrund, den steigenden
Informationsbedarf der Patienten decken zu können. In Wahlarztordina-
tionen haben die genannten Kriterien einen besonders hohen Stellenwert."

Medizinische Kompetenz ist also längst nicht mehr alleiniges Kriterium
bei der Arztwahl. Auch die medizinische Welt hat sich verändert – die
Zeit lässt sich nicht mehr zurückdrehen.[1]

## „Gratisverkäufer" sind Goldes wert

Dass Mund-zu-Mund-Propaganda nicht nur gut fürs Image, sondern vor
allem gut für die Ertragsseite einer Praxis ist, ist nicht neu. Dennoch wird
dessen Wirkung nach wie vor gewaltig unterschätzt. Viele Ärzte halten
Empfehlungen für einen Glücksfall. Nur selten wissen sie, wer die Empfehler sind, wie viele neue Patienten sie durch diese bekommen und
weshalb sie empfohlen werden.

Empfehler sind Botschafter einer Praxis – kostenlose Verkäufer der gebotenen Leistungen!

---

1 In Anlehnung an Frank Elste, 2004, Springer-Verlag.

Einem zufriedenen, begeisterten Patienten gelingt es viel leichter, andere für die Leistungen zu begeistern als jedem „Verkäufer", denn er hat bei seinem Gegenüber einen Vertrauensbonus! Seine Meinung macht neugierig und nimmt Ängste und Hemmschwellen; seine Empfehlung wirkt glaubwürdig und neutral.

Dadurch hat die Person, der eine Praxis empfohlen wird, automatisch eine positivere Einstellung, neigt zu einer höheren Gesprächsbereitschaft und zu raschen Entscheidungen, oft auch zu besserer Compliance und Loyalität sowie zu einer geringeren Preis-Sensibilität. Werden schließlich die Erwartungen eines neuen Patienten erfüllt oder sogar übertroffen, wird auch er schnell zu einem weiteren Empfehler.

## Empfehlungsmarketing spart erhebliche Kosten

In Zeiten der Informationsflut, hoher Vergleichbarkeit und Preiskämpfen ist Empfehlungsmarketing das Mittel der Wahl. Was einst nur die Frage nach ein paar Adressen war, hat sich wirksam weiterentwickelt. Weitgehend unbeanspruchte, moderne Werbeformen ermöglichen heute in Sachen Mundpropaganda ganz neue Möglichkeiten, insbesondere das Internet.

Empfehlungsmarketing darf in den Ordinations-Marketing-Aktivitäten also in keinem Fall fehlen. Damit können erhebliche Kosten gespart und rasch treue Patienten gewonnen werden. Dafür muss es gelingen, Patienten und Meinungsbildner nach und nach zu begeisterten Fürsprechern und Botschaftern einer Praxis zu machen.

Dabei geht es um wesentlich mehr als die langweilige Bitte: „Empfehlen Sie uns weiter", die beim Empfänger meist Unbehagen auslöst: Damit

Empfehlungsmarketing funktioniert, ist ein systematischer Aufbau des Empfehlungsgeschäftes notwendig.

## Wissen Sie über Ihre Empfehlungen Bescheid?

Die Empfehlungsrate ist eine der wichtigsten betriebswirtschaftlichen Kennzahlen. Wer nicht (mehr) empfehlenswert ist, wird bald nicht mehr aufgesucht. Leider überlassen es die meisten Ärzte dem Zufall, ob ihre Patienten sie weiterempfehlen – die wenigsten wissen über die tatsächlichen Empfehlungen Bescheid. Was Sie dazu wissen müssen:

- Wie viele Patienten empfehlen uns weiter?
- Warum genau werden wir weiterempfohlen?
- Wer genau hat uns empfohlen?
- Wie bedanken wir uns dafür?
- Wie viele Patienten sind aufgrund einer Empfehlung zu uns gekommen? Und warum genau?

## Mit Empfohlenen richtig umgehen

Gleich und Gleich gesellt sich gern: Menschen verbringen ihre Zeit gern mit Anderen, die gleiche Einstellungen, Wünsche, Interessen, Hobbys und Ansprüche haben. Ein Patient hätte keine Empfehlung abgegeben ohne die Überzeugung, dass sein „guter Tipp" geschätzt wird.

Sobald Sie wissen, dass Sie ein Patient empfohlen hat, ist eine „Analyse" besonders wichtig. Persönlichkeitsstruktur und Verhalten des Empfehlers lassen bereits erste Rückschlüsse auf die voraussichtlichen Wünsche und Bedürfnisse des Interessierten zu. Und niemand kennt den Empfohlenen so gut wie der Empfehler. Daher kommen von diesem auch die wertvollsten Hinweise, z.B. worauf der Neue besonderen Wert legt, was er nicht mag, wovor er Angst hat, worüber er sich möglicherweise in anderen Praxen geärgert hat etc.

Einem Patienten, der aufgrund einer Empfehlung in die Praxis kommt, muss besonders viel Aufmerksamkeit entgegengebracht werden: Erfragen Sie – soweit möglich – den Namen des Empfehlers und vor allem, welche Leistungen er empfohlen hat. Denn auf diese Leistungen wird der neue Patient besonders achten, deswegen ist er ja gekommen. Hier sind seine Erwartungen sehr hoch. Eine Enttäuschung fiele nicht nur negativ auf die Ordination, sondern auch auf den Empfehler zurück.

**Empfehlern unverzüglich danken, am besten telefonisch oder gar persönlich**

Der Patient, der eine Praxis empfohlen hat, wird sicher eine Rückmeldung erhalten. Auch der Arzt sollte sich mit ihm in Verbindung setzen

TIPP

Fügen Sie in Ihrem Patienten-Aufnahmebogen eine Frage hinsichtlich der Herkunft ein, z.B. „Wie sind Sie auf unsere Praxis gestoßen?" Achten Sie darauf, dass Sie in Ihrer Patientendatenbank bei jedem Patienten einen Hinweis auf sein Empfehlungsverhalten vermerken können, bzw. ob er ein Patient ist, der über eine Empfehlung (durch wen) gekommen ist. So können Sie sich mit einer einfachen Abfrage in Ihrer Datenbank rasch einen guten Überblick über Ihre „Empfehlungen" verschaffen und gegebenenfalls überprüfen, ob dahingehende Maßnahmen den gewünschten Erfolg gebracht haben.

und sich bedanken! Er bestätigt damit das entgegenbrachte Vertrauen und zollt dem Empfehler Anerkennung, was zu weiteren Empfehlungen führen wird.[2]

## Kommunikation im Umgang mit Patienten – reine Nebensache?

Der niedergelassene Arzt verbringt rund 60 bis 80 Prozent seiner Tätigkeit im Gespräch mit Patienten. Das ist jedoch den meisten Ärzten nicht bewusst – auch nicht, wie wichtig die Kommunikation gerade in diesem Beruf ist. Sie wird – im Vergleich mit den Möglichkeiten der modernen Medizin – eher als Nebensache angesehen – und genau so verhalten sich viele Ärzte. Das Desinteresse der Ärzteschaft, sich entsprechendes Wissen anzueignen, ist verblüffend.

In einer spannungslosen Situation schadet es nicht, mit Patienten (oder Mitarbeitern) einmal belanglos zu plaudern. Eine spannungsfreie Atmosphäre wird dadurch noch angenehmer.

Sobald jedoch Konflikte auftreten, ändert sich die Stimmung. Spätestens dann muss sich die Kommunikation klar auf ein Ziel hin bewegen, dann muss bewusst gesteuert werden.

Der tägliche Umgang mit kranken Menschen ist nicht immer einfach: Diese haben Schmerzen, sind möglicherweise gereizt und fordern, dass ihnen so rasch wie möglich geholfen wird. Gerade in diesen schwierigen

---

2 In Anlehnung an www.business-wissen.de.

Situationen wird meist falsch reagiert. Jetzt kommt es nicht mehr darauf an, Recht zu behalten, sondern das Vertrauen des Patienten in die Kompetenz und die Verlässlichkeit des Arztes und der Ordinationsmitarbeiter zu stärken.

Die natürlichste und daher leichteste Reaktion im Konfliktfall ist „die Flucht": Der Patient oder der Mitarbeiter wird einfach ignoriert und unfreundlich wieder ins Wartezimmer geschickt oder mit seinem Problem „allein gelassen". Ebenso häufig wird reflexartig mit „Zurückschlagen" reagiert: Der Patient (oder Mitarbeiter) wird angeschnauzt, gemaßregelt oder im schlimmsten Fall sogar angebrüllt. Allzu oft schlagen hier die Emotionen durch. Das richtet aber häufig einen mehr oder weniger großen Schaden an.

In einer Konfliktsituation sollten Sie zunächst einmal durchatmen und gelassen bleiben. Danach helfen Sie dem aufgebrachten Patienten, sich zu beruhigen, um den Kern der Beschwerde erkennen zu können. Hören Sie dem Patienten zu, zeigen Sie Interesse für sein Anliegen, Bestätigen Sie ihn ab zu mit einem Kopfnicken. Formulieren Sie schließlich den Lösungsvorschlag (oder Kompromiss) positiv und bedanken Sie sich beim Patienten für sein Verständnis.

Wer eine Beschwerde hat, ist meist wütend. Das bedeutet, Stresshormone haben den Körper in Alarmbereitschaft versetzt. Keinesfalls darf in dieser Phase ein Streitgespräch entstehen (siehe Checklist „Umgang mit Patientenbeschwerden"). Selbst wenn Sie das Streitgespräch gewinnen – den Patienten haben Sie wahrscheinlich verloren, und damit einen aktiven Negativ-Empfehler am Markt.

## UMGANG MIT PATIENTENBESCHWERDEN

○ Entschuldigen Sie sich – immer! („Es tut mir leid, dass das passiert ist.")

○ Bedanken Sie sich für den Hinweis – immer! („Danke, es ist wichtig, dass Sie uns informieren!")

○ Hören Sie aufmerksam und entgegenkommend zu.

○ Unterberechen Sie nicht.

○ Sprechen Sie langsam und mit gedämpfter Stimme.

○ Bitten Sie den Patienten in eine ruhigen Bereich, weit weg von den anderen Patienten.

○ Bitten Sie den Patienten, sich zu setzen – Sitzen beruhigt.

○ Servieren Sie ihm etwas zu trinken – dies stimmt freundlich.

○ Sprechen Sie den Patienten mit seinem Namen an, das zeigt Wertschätzung.

○ Bitten Sie den Patienten, das Wichtigste nochmals zu wiederholen.

○ Schreiben Sie die Punkte mit. Das signalisiert Wichtigkeit. Es zwingt zu mehr Wahrheit, fragen Sie den Patienten ausdrücklich, ob Sie mitschreiben dürfen.

○ Suchen Sie nicht nach Schuldigen, sondern finden Sie die Ursache des Problems und dann eine Lösung!

○ Fragen Sie den Patienten nach seinen Vorstellungen – was er vorschlägt, welche Lösung er sieht.

○ Vergewissern Sie sich am Ende, dass die Sache aus der Welt ist.

○ Halten Sie Ihre Versprechen!

Denken Sie also im Gespräch mit Patienten und Mitarbeitern immer an die erste Regel der Praxiskommunikation: Bewusst und zielorientiert kommunizieren. Andernfalls schaffen Sie selbst oft erst die Schwierigkeiten, die so viel Mühe und Ärger mit sich bringen.

TIPP

**TIPP**

Investieren Sie doch einmal in ein Kommunikationstraining. Sie werden staunen, was Sie mit gezielter Kommunikation alles erreichen – und das ohne Stress und Ärger!

## Störungen des Arzt-Patientengespräches

Diese Situation kommt Ihnen wahrscheinlich bekannt vor: Ein Patient hat im Sprechzimmer Platz genommen und fängt gerade an, Ihnen von seinen Beschwerden zu berichten – da klingelt das Telefon. Sie nehmen das Gespräch an und informieren den anrufenden Patienten, der Fragen zu seinen Befunden hat.

Nach Beendigung des Telefonats bitten Sie den wartenden Patienten, weiter über seine Beschwerden zu berichten. Der fängt noch einmal von vorn an. Kurze Zeit später klingelt das Telefon abermals und unterbricht den Patienten ein zweites Mal inmitten seiner Darstellung.

Wie fühlt sich der Patient jetzt in Ihrem Sprechzimmer?

- „Mein Arzt nimmt mich ernst!"
- „Mein Arzt wird mir helfen!"
- „Meinem Arzt kann ich mich anvertrauen, über meine Sorgen sprechen!"

Diese „Botschaften" werden ihm mit Sicherheit nicht vermittelt! Das Gegenteil ist der Fall: Für den Patienten ist eine Unterbrechung des Ge-

## ✓ ORGANISATION VON TELEFONANRUFEN IN DER PRAXIS

### *Nur wirklich wichtige Gespräche durchstellen*

Halten Sie fest, dass nur wirklich wichtige Gespräche ins Sprechzimmer weitergeleitet werden dürfen. Erstellen Sie dazu eine Namensliste von besonders wichtigen Patienten (z.B. schwer Kranke) oder anderen wichtigen Gesprächspartnern.

### *Führen Sie eine Telefonliste für die tägliche Arbeit ein*

○ Name und Telefonnummer sowie das Anliegen des Anrufers werden von der Mitarbeiterin notiert (ideal hiefür ist das Anlegen einer Liste am Computer, wo sie den aktuellen Stand jederzeit in Ihrem Sprechzimmer am Bildschirm abrufen können).

○ So können Sie sich dann in Ruhe nach Beendigung der aktuellen Patientengespräche – oder in dringenden Fällen zwischendurch – den Anrufern widmen.

○ Damit können Sie selbst den Zeitpunkt bestimmen, wann Sie die persönlichen Patientengespräche unterbrechen. Falls erforderlich, ist es jetzt auch möglich, sich nochmals in Ruhe in der aktuellen Patientendatei zu informieren – bevor Sie zum Hörer greifen.

○ Wissen Sie im (Telefon-)Gespräch sofort über die jeweilige Situation Ihres Patienten Bescheid, vermitteln Sie nicht nur Kompetenz, sondern auch die überaus wichtige Botschaft: „Hier sind Sie gut aufgehoben, Sie sind uns wichtig".

### *Führen Sie eine Telefonsprechstunde ein*

Viele Gespräche können auf einen bestimmten Zeitpunkt nach den Sprechstunden verlegt werden. Mit einer solchen Telefonsprechstunde haben bereits viele Praxen gute Erfahrungen gesammelt. Hat sich diese Neuerung erst einmal bewährt, rufen viele Patienten automatisch lieber zur vorgesehenen Zeit an, denn Sie sind nun sofort erreichbar!

### *Achtung!*

Zugesagte Rückrufe müssen unbedingt eingehalten werden.

sprächs äußerst unangenehm. Sehr oft nimmt er es dem Arzt sogar übel, dass er sich nicht auf ihn konzentriert. Und das zu Recht. Auch das ist sehr vielen Ärzten nicht bewusst!

Konzentrieren Sie sich daher voll und ganz auf den Patienten, der Ihnen gegenüber sitzt. Störungen dürfen nur in wirklichen Notfällen erlaubt sein. Ein vermeidbares Telefonat mitten in einem Gespräch verärgert aber nicht nur den Patienten. Diese Unterbrechungen kosten auch viel Zeit! Denn sobald das Telefonat beendet ist, müssen Sie sich erneut mit dem wartenden Patienten auseinandersetzen. Derartige Situationen lassen sich vermeiden, indem Sie das Procedere für Telefonanrufe in Ihrer Praxis von vornherein festlegen (siehe Checklist „Organisation von Telefonanrufen in der Praxis").

## Schriftliche Kommunikation mit Kollegen

Auch bei Ihren Kollegen – ob sie nun auf deren Zuweisungen angewiesen sind oder nicht – sollten Sie einen möglichst professionellen Eindruck hinterlassen. Nachfolgend finden sie einige Tipps für die schriftliche Kommunikation mit Kollegen. Versuchen Sie diese einzuhalten, denn je professioneller Ihr Erscheinungsbild ist, umso kompetenter wirken Sie und Ihre Praxis!

### Einheitliches Erscheinungsbild aller Schriftstücke

Alle Informationen an Kollegen sollten Ihrem Coporate Design entsprechen, also immer einheitlich und unverwechselbar gestaltet sein. Erinnern Sie sich: Ein professionell erarbeitetes Corporate Design ist die visualisierte Persönlichkeit Ihrer Praxis, und somit eines Ihrer wichtigsten Kommunikationsinstrumente!

Damit machen Sie nicht nur einen professionelleren Eindruck, sondern erreichen auch mühelos, dass Ihre Schreiben automatisch immer mit Ihnen und Ihrer Praxis in Verbindung gebracht werden.

## Adressieren Sie Ihren Ansprechpartner immer persönlich

Achten Sie darauf, dass Anrede, Name und Titel richtig geschrieben sind. Der Name ist ein wichtiger, fester Bestandteil unserer Persönlichkeit. Jeden Menschen stört es deshalb, wenn sein Name falsch geschrieben wird.

## Vergessen Sie nicht, sich zu bedanken

Bedanken Sie sich z.B. für das entgegengebrachte Vertrauen, die gute Zusammenarbeit oder das Verständnis. Bedanken Sie sich auch dann, wenn Sie mehr oder weniger konstruktive Kritik eines Kollegen erfahren haben; bedanken Sie sich in einem solchen Fall für die Offenheit. Damit zeigen Sie Ihre Wertschätzung und heben sich ganz nebenbei sicher von anderen Kollegen ab!

## Kurze und präzise Informationen

Überlegen Sie, was Sie sich selbst von einem Kollegen wünschen: Ein kurzes und klares Informationsschreiben, das gleich verstanden wird. Denken Sie beim Verfassen Ihrer Befundschreiben daran, denn auch Ihr Kollege steht unter Zeitdruck und möchte möglichst schnell über das Untersuchungsergebnis informiert werden. Verweisen Sie am Ende eines Briefes auf den Wunsch nach einer auch in Zukunft erfolgreichen Ko-

## SCHRIFTLICHE KOMMUNIKATION MIT KOLLEGEN

- ○ Ist das Erscheinungsbild aller Schriftstücke einheitlich und unverwechselbar?
- ○ Sind Anrede, Name und Titel des Kollegen richtig geschrieben?
- ○ Wurde der Ansprechpartner persönlich adressiert?
- ○ Ist die Information präzise und kurz gefasst?
- ○ Haben Sie sich aufmerksam bedankt?
- ○ Haben Sie den Wunsch nach Kooperation bekräftigt?
- ○ Haben Sie die Möglichkeit für Rückfragen angeboten?
- ○ Haben Sie persönlich unterschrieben?

operation, bieten Sie eine direkte Möglichkeit für Rückfragen und unterschreiben Sie immer persönlich!

Im Sinne einer langfristig guten Zusammenarbeit lohnt es sich, gelegentlich persönlich nachzufragen, ob es Verbesserungsvorschläge zu Ihren Befundschreiben gibt.

## Achtung vor Kommunikationskillern!

Einer der wichtigsten Maßstäbe für die Beurteilung durch Patienten ist der Kommunikationsstil, der in einer Praxis gepflegt wird. Diese Tatsache wird allerdings von den Wenigsten berücksichtigt.

### Versetzten Sie sich in die Lage Ihrer Patienten

Achten Sie bewusst auf die Sprachgewohnheiten in Ihrer Praxis. Wie wirken sie auf die Betroffenen? Ist es dem Patienten überhaupt möglich, Ihren Ausführungen zu folgen? Sprechen Sie seine Sprache oder muss er sich mit medizinischen Fachausdrücken herumschlagen, statt patienten-gerechte Information zu erhalten? Fachausdrücke, die der Patient nicht versteht, verunsichern ihn, machen Angst und führen oft zu einer unnötigen Spannung.

### Vermeiden Sie Formulierungen, die die Würde des Patienten verletzen könnten

Ein autoritärer Gesprächsstil, Vorwürfe, Kritik oder sogar Befehle sind fehl am Platz.

Zeigen Sie Verständnis und Wertschätzung, auch wenn es sich um sehr schwierige Patienten handelt. Streichen Sie autoritäre Aussagen komplett aus dem eigenen Sprachschatz und dem der Mitarbeiter Ihrer Praxis: Das bedeutet nicht, sich nicht abzugrenzen oder, wenn nötig, „Nein"

## CHECKLIST
### REDEWENDUNGEN, DIE ES IN IHRER PRAXIS NICHT GEBEN SOLLTE

- ○ „Ich habe auch nur zwei Hände!"
- ○ „Wir können auch nicht hexen!"
- ○ „Der Doktor ist auch nur ein Mensch"
- ○ „Hätten Sie das nicht früher sagen können?"
- ○ „Ich bin nicht schwerhörig!"
- ○ „Da sind Sie selber schuld!"
- ○ „Da hätten Sie sich eben früher melden müssen!"
- ○ „Das habe ich Ihnen doch schon gesagt!"
- ○ „Das ist unmöglich!"

**TIPP**

Suchen Sie sprachliche Alternativen, trainieren Sie gemeinsam mit
Ihrem Team. Achten Sie auch auf Seminarangebote zu diesem
Thema. Es lohnt sich mehrfach, denn eine Weiterentwicklung in
Sachen Kommunikation ist schließlich nicht nur förderlich für den
Erfolg Ihrer Praxis, sondern schafft auch mehr Lebensqualität.

sagen zu können. Es kommt ganz einfach auf die Wortwahl an: z.B. statt
„das geht heute nicht" – „kein Problem – ab Dienstag jederzeit". Bei
Missverständnissen kommen Sie am schnellsten weiter, wenn Sie mit
„Da habe ich mich missverständlich ausgedrückt" anstatt „Da haben Sie
mich falsch verstanden" antworten.

### Eine Beschwerde als Chance zur Patientenbindung nutzen

Auch wenn Ihre ärztliche Dienstleistung, der Service Ihrer Praxis von
noch so außerordentlicher Qualität ist, selbst wenn Sie oder Ihre Mitarbeiter noch so gewissenhaft arbeiten, wird es vorkommen, dass einmal
etwas „nicht stimmt oder passt". Wo Menschen arbeiten, passieren auch
Fehler, kommt es zu Missverständnissen.

Einer Beschwerde sollte sofort der Beigeschmack einer „Katastrophe" genommen werden. Handeln Sie und Ihre Mitarbeiter professionell und
geschickt, können Sie eine Kritik sogar zur Patientenbindung nutzen.
Nehmen Sie den Patienten ernst und zeigen Sie Interesse – auch wenn es
unmittelbar schwer fällt. Beziehen Sie die Kritik nur auf die „Sache" und

erlauben Sie sich selbst wie dem kritisierenden Patienten, das Gesicht zu wahren. Schließen Sie das Gespräch mit einem positiv formulierten Lösungsangebot ab.

### Gehen Sie in Konfliktsituationen auf den Patienten ein

Gerade in Konfliktsituationen sollten Sie und Ihr Team auf die Meinung des Patienten eingehen, z.B. mit *„Wenn ich Sie richtig verstanden habe ..."* Verharmlosen Sie Beschwerden des Patienten nicht, gehen Sie anerkennend und dankend auf seine Meinung ein. Zeigen Sie unbedingt Verständnis für die Situation des Patienten – selbst bei Kritik. Ein *„Danke, dass Sie mich auf dieses Problem hinweisen, Ihre Anregung hilft uns weiter ..."* baut Vertrauen auf. Der Patient fühlt sich gut aufgehoben und merkt sich, dass ihm in Ihrer Praxis Wertschätzung entgegengebracht wurde, dass Sie „ihn ernst genommen haben". Oft werden diese Personen dann zu treuesten Patienten, manche sogar zu Empfehlern!

Ein freundlicher Umgang(ston) gehört heute zu einer modernen, patientenorientierten Praxis wie die medizinische Ausstattung. Solle es die Situation erfordern, können Sie natürlich auch etwas ablehnen. Achten Sie aber darauf, dass Sie den Patienten nicht vor den Kopf stoßen.

Auch in Ihrem Sinne: Bleiben Sie sachlich und absolut kooperativ. So hinterlassen Sie auch als Adressant von Beschwerden einen guten Eindruck. Und: Lassen Sie sich nicht zum Täter stempeln. Sorgen Sie aber genauso dafür, dass Sie nicht zum Opfer werden. Sachlich, kooperativ hinterlässt den besten Eindruck, den Sie bieten können – im Sinn der Sache, im Sinn des Patienten und in Ihrem Sinn.

## CHECKLIST
## UMGANG MIT PATIENTENBESCHWERDEN

### *Ist die Kritik, die Beschwerde berechtigt,*

o   behalten Sie die Fassung;

o   hören Sie genau zu, was Ihr Gegenüber motiviert;

o   machen Sie sich Notizen;

o   begrenzen Sie den Schaden, Mangel, Fehler – und damit die Enttäuschung;

o   versprechen Sie Wiedergutmachung;

o   notieren Sie Ihr Versprechen im Detail – was, bis wann, Datum usw.;

o   halten Sie das Versprechen.

### *Ist die Kritik, die Beschwerde nicht berechtigt,*

o   atmen Sie tief durch, entspannen Sie sich, um Ihre Fassung zu behalten;

o   wiederholen Sie die Beschwerde im Wortlaut;

o   vermeiden Sie jede Beschwichtigung, Entschuldigung, Rechtfertigung;

o   fragen Sie im Detail nach;

o   hören Sie genau zu, wie Ihr Gegenüber kritisiert. Manchmal liegt die Beschwerde mehr einer Enttäuschung, einer unrealistischen Erwartungshaltung zu Grunde als der eigentlichen Sache;

o   steuern Sie das Gespräch so, dass der Patient Wahrnehmungen von Annahmen und Annahmen von Wertungen trennt;

o   Sie sollten Ihr Gegenüber ernst nehmen. So zeigen Sie Interesse an seiner Kritik und machen deutlich, dass Sie auf eine sachliche Darstellung Wert legen;

o   überlegen Sie, was Sie dem Patienten anbieten können, um seine Enttäuschung zu reduzieren.

### *Wird die Kritik persönlich,*

o   anerkennen Sie diese als ein Bedürfnis des Patienten, sich von angestauten Aggressionen zu befreien – mehr oder weniger zufällig mit Ihnen als Adressat;

o   lassen Sie den „Kritiker" ausreden – er will seine Emotionen entladen. Dadurch vermitteln Sie ihm Interesse und Stärke. Auch Angriffe halten Sie erhobenen Hauptes aus;

o   vermeiden Sie jede Rechtfertigung oder Gegenklage;

o   führen Sie den Kritiker auf eine sachliche Ebene zurück.

## Die 10 wichtigsten Regeln für den Umgang mit Patienten[3]

**1** Nehmen Sie einen Patienten, der Ihre Praxis oder einen Behandlungsraum betritt, sofort aktiv zur Kenntnis, auch wenn Sie gerade anderweitig beschäftigt sind, z.B. telefonieren. Denken Sie immer daran, dass Wegsehen und gekünstelte Geschäftigkeit schnell als Provokation empfunden werden.

**2** Tun Sie möglichst nichts anderes, während Sie mit dem Patienten reden. Schenken Sie ihm Ihre volle Aufmerksamkeit, schauen Sie ihn bewusst an, halten Sie Augenkontakt.

**3** Insbesondere die Mitarbeiter sollten ein Namensschild an der Kleidung tragen, damit dem Patienten die persönliche Ansprache erleichtert wird. Zusätzlich sollten Mitarbeiter und Ärzte bei der Begrüßung ihren eigenen Namen nennen. Aber auch der Name des Patienten sollte so oft wie (sinnvoll) möglich genannt werden. Dabei ist insbesondere darauf zu achten, dass er richtig ausgesprochen und auch immer richtig geschrieben wird. Der Name ist schließlich ein wichtiger Bestandteil der menschlichen Persönlichkeit.

**4** In Arztpraxen sollte gelächelt werden. Jedem Patienten sollte jederzeit das Gefühl vermittelt werden, dass er willkommen ist, dass man ihn mag. Damit signalisiert man dem Patienten schon zu Anfang des Kontaktes, dass er bestmöglich behandelt werden wird.

**5** Die Verwendung einer möglichst warmherzigen, höflichen und freundlichen Sprache ist in allen Praxissituationen angezeigt. Insbesondere die beiden Zauberwörter „bitte" und „danke" sollten fester Bestandteil nahezu jeder Kommunikationssequenz sein.

---

3 Quelle: Website der Kassenärztlichen Vereinigung Westfalen-Lippe; www.kvwl.de.

**6** Patienten sollten immer ernst genommen werden. Selbst Routine-fragen sind konzentriert, sorgfältig, ausführlich und zuvorkommend zu beantworten.

**7** Auf Beschwerden eines Patienten sollten sämtliche Mitarbeiter einer Arztpraxis auf intelligente Weise reagieren: Verständnis und Anteilnahme zeigen. Wer zurück meckert oder schmollt, wird das Ziel eines begeisterten Patienten kaum erreichen. Wesentlich Er-folg versprechender ist es, das erwartete Reaktionsmuster zu durchbrechen, indem man den verärgerten Patienten durch betont höfliche und freundliche Worte auf eine sachliche Ebene zurück-führt. Nicht zu vermeidende Streitgespräche sollte man nicht öf-fentlich führen, schon gar nicht vor anderen Patienten.

**8** Auf Diskretion und Einhaltung der Schweigepflicht sollte pein-lichst geachtet werden – in Schrift und Sprache. Patienten-Kartei-karten haben auf einer Anmeldungstheke nichts verloren. Die Be-nutzung von Sprechanlagen sollte vermieden werden bzw. äußerst dezent erfolgen.

**9** Die Praxis ist nicht der richtige Ort, um modische Eigenarten aus-zuleben. In Bezug auf die Kleidung sollte daher den Erwartungen der Patienten auf professionelle Weise entsprochen werden.

**10** Gleiches gilt auch für die Pflege der Praxis und der dort tätigen Personen. Hier sind professionelles Erscheinungsbild, Sauberkeit und Ordnung in jeglicher Hinsicht anzustreben.

# Das Telefon

## Wirkungsvolles Instrument im Ordinationsmarketing

Leider wird einem sehr wichtigen Instrument des Praxismarketings noch nicht überall die nötige Aufmerksamkeit gewidmet: dem Telefon. Der richtige Umgang mit dem Telefon ist eines der wichtigsten Patientenbindungs-Instrumente in der Arztpraxis. Das Verhalten der Mitarbeiter am Telefon vermittelt dem Anrufer sofort und unweigerlich ein Bild von der Ordination. Telefonieren wird jedoch weder im Rahmen der schulischen noch der beruflichen Ausbildung gelernt, es wird vielmehr als Qualifikation angesehen, über die jeder einfach zu verfügen hat. Selten wird überprüft, ob jemand „gut" oder „schlecht" telefoniert.

Dabei findet via Telefon meist nicht nur die erste Kontaktaufnahme statt, hier entsteht auch der erste und damit entscheidende Eindruck der Ordination bei potenziellen Patienten. Deshalb sollte bei der Telefonorganisation nichts dem Zufall überlassen, sondern feste Regeln geschaffen werden (entsprechend der Corporate Identity), an die sich jeder Mitarbeiter zu halten hat (siehe Checklist „Umgang mit dem Telefon").

Die ersten Silben des Gesprochenen werden vom Anrufer sehr oft nicht verstanden, eine freundliche Begrüßung wird aber in jedem Fall als solche erkannt! Deshalb ist es wichtig, dass am Telefon schon die Begrüßung sehr bewusst erfolgt. So wird den Patienten in den ersten Sekunden des Telefongespräches Freundlichkeit, Kompetenz und Professionalität vermittelt.

Anschließend sollten die Mitarbeiter sowohl den Namen der Ordination als auch den eigenen nennen, am besten mit Vornamen. Damit wird bereits eine persönliche Beziehung zum Anrufer hergestellt – oder auch verbessert –, was den weiteren Verlauf der Patientenbeziehung beeinflusst. Ein Beispiel: „Grüß Gott, Ordination Dr. Gruber, Sie sprechen mit Verena Maier, wie kann ich Ihnen helfen?"

## CHECKLIST
### UMGANG MIT DEM TELEFON

○ **Spätestens nach dem 3. Klingeln sollte der Hörer abgehoben werden.**
Ein Patient, der mehrmals auf eine besetzte Leitung stößt oder auf eine, wo anscheinend niemand abhebt, wird sich nicht mehr an Ihre Ordination wenden. Wieso auch, wenn sein Anruf bei einem Kollegen rasch und freundlich entgegengenommen wird?

○ **Dreimal klingeln lassen** reicht aus, um ein Gespräch mit Patienten im Anmeldebereich „kommunikationsverträglich" zu unterbrechen. Die höfliche Bitte, das Telefon bedienen zu dürfen, wird in der Regel ohne Problem akzeptiert. Anschließend müssen dann aber auch die nächsten Schritte eingehalten werden.

○ **Die Reihenfolge der Gesprächspartner immer einhalten:**
1. Den bereits anwesenden Patienten kurz um Erlaubnis bitten, das Gespräch entgegennehmen zu dürfen.
2. Anrufer um Geduld bitten: „Ich bin gleich wieder bei Ihnen."
3. Unterhaltung mit dem anwesenden Patienten wieder aufnehmen und rasch beenden.
4. Gespräch mit dem Patienten am Telefon wieder aufnehmen.

## TIPP
### TIPP

Sie möchten eine optimale Telefonbegrüßung hören? Dann rufen Sie doch einfach einmal die Top-Hotels der Umgebung an. Dort weiß man meist schon längst, wie wichtig es ist, dem potenziellen Gast bereits am Telefon das Gefühl zu vermitteln, dass er herzlich willkommen ist.

Zu achten ist auch auf das Redetempo. Vor allem bei der Begrüßung besteht die Gefahr, dass der Text nach kurzer Zeit als Phrase „heruntergeleiert" wird. Das lässt sich leicht verhindern, indem in regelmäßigen Abständen die Begrüßungsformel der Praxis geändert wird.

Ob die Begrüßung als angenehm oder im schlimmsten Fall als abstoßend empfunden wird, hat auch mit Stimmhöhe und Lautstärke zu tun. Mögliche Störeinflüsse sollten ebenfalls weitestgehend ausgeschlossen werden. Brummende Geräte, kreischende Drucker, laute Hektik vertragen sich nicht mit einem professionellen Telefonempfang. Weil auch Zuhörer erheblich stören, sollten offene Wartezonen im Bereich der Anmeldung vermieden werden.

Auch die nonverbale Kommunikation spielt am Telefon eine wichtige Rolle. Die Gesprächspartner können sich zwar nicht sehen, trotzdem wird durch das Telefon wesentlich mehr transportiert als bloßer Gesprächsinhalt. Haltung und Einstellung der Helferin kann der Patient durch unscheinbare Nuancen in der Stimme spüren. Gerade weil das Gegenüber nicht gesehen werden kann, kommt den akustischen Aspekten eine besondere Bedeutung zu. Hier hilft ein einfacher Trick: Lächeln – das macht die Stimme automatisch wesentlich freundlicher.

Investieren Sie von Zeit zu Zeit in ein Telefontraining für Ihre Mitarbeiter. In speziellen Trainings und Workshops werden die wichtigsten Kommunikationsgrundlagen einschließlich der persönlichen Wirkungsweise am Telefon geschult und geübt.

**TIPP**

**TIPP**

Da der Eindruck, den Ihre Ordination am Telefon vermittelt, so enorm wichtig ist, sollten Sie von Zeit zu Zeit überprüfen, wie sich Ihre Mitarbeiter am Telefon verhalten. Rufen Sie doch einfach einmal in Ihrer Ordination an. Oder noch besser: Sie lassen anrufen – von Freunden und Verwandten. Prüfen Sie auf diese Weise auch die Ansage am Telefonband: Ist sie verständlich gesprochen? Klingt die Stimme freundlich? Haben Sie wirklich an alle Informationen gedacht, die der Anrufer benötigt? Hat der Anrufer eine Möglichkeit, auf das Band zu sprechen?

# Arbeitskleidung

## Einheitliche Arbeitskleidung vermittelt Professionalität

Schon längst ist der weiße Mantel nicht mehr das Standardkleidungs-stück in allen Praxen – dennoch hat er auch einige Vorteile. Auch wenn zum Beispiel unterschiedliche Modelle getragen werden, ist ein einheit-liches Erscheinungsbild gegeben.

„Uniformen" hatten schon immer eine Wirkung, ihre Träger strahlen automatisch etwas Besonders aus. Mit einheitlicher Arbeitskleidung kann man auf einfachem Wege ein stärkeres „Wir-Gefühl" im Praxisteam er-zeugen, Zusammenhalt visualisieren.

Das stärkt Mitarbeiter in Stresssituationen automatisch.

Als „Teil eines Ganzen" lässt man sich schließlich nicht so leicht ein-schüchtern.

Darüber hinaus unterstützt die einheitliche Arbeitskleidung ein professi-onelles Erscheinungsbild. Patienten möchten die Mitarbeiter sofort an der spezifischen Kleidung erkennen können – für den Patienten ist sie oft eine klare Orientierungsmöglichkeit.

Auch wenn Sie Ihren Mitarbeitern die Dienstkleidung zur Verfügung stellen, sollten Sie die Mitarbeiter bei der Auswahl der Kleidungs-Sets mit entscheiden lassen – allerdings sollten Sie darauf achten, dass sich die Mitarbeiter auf ein gemeinsames Modell einigen.

Idealerweise sollten die Sets auch immer gleichzeitig gewechselt werden, damit der optimale Effekt zum Tragen kommt.

# Arbeitskleidung

Aber auch kleine Accessoires können schon große Wirkung erzeugen. Einheitlich (am besten entsprechend Ihres Corporate Design) gestaltete, gut leserliche Namensschilder sind oft bereits eine ausreichende Uniform.

**TIPP**

Denken Sie als Arzt auch hier daran, dass Sie Dienstleister sind. Berücksichtigen Sie bei der Auswahl der Arbeitskleidung auch die Erwartungen, Bedürfnisse, Wünsche und Vorlieben Ihrer Patienten (Zielgruppen). Haben Sie beispielsweise hauptsächlich junge Patienten und möchten auch in erster Linie diese Patientenschicht ansprechen, so ist moderne, ausgefallene Kleidung sicher vorteilhaft. Besteht Ihr Patientenstamm jedoch überwiegend aus älteren und konservativen Menschen, entspricht wahrscheinlich der schlichte, weiße Mantel nicht nur den Erwartungen, sondern auch den Wünschen.

# Negativschlagzeilen

## Negativschlagzeilen – was nun?[1]

Regelmäßige Pressearbeit ist die beste Vorbeugung für den Krisenfall.
Was ist zu tun, wenn Sie mit einem negativen Bericht in den Medien
konfrontiert werden? Eine schnelle und unbedachte Reaktion ist meist
schädlicher als das klärende Gespräch mit der Redaktion. Regelmäßige
Pressearbeit ist die beste Prävention für solch unangenehme Überraschungen.

### Reagieren Sie überlegt

Möglicherweise sind Sie im Recht, wenn Sie sofort mit einer Verleum-
dungsklage reagieren. In den Augen der Öffentlichkeit wirken Sie damit
aber nicht sehr glaubwürdig. Ihr Image kann dadurch sogar noch einen
zusätzlichen Kratzer erhalten. Eine Gegendarstellung hat einen entscheidenden Nachteil: Die meisten Menschen glauben kein einziges Wort davon.

### Bleiben Sie sachlich und freundlich

Meistens erscheint eine negative Meldung nur in einer oder zwei Zei-
tungen. Später greifen andere Medien die Informationen auf – es kann
zu einem Schneeballeffekt kommen. Stoppen Sie die Lawine noch vor
ihrem Entstehen (siehe Checklist „Negativschlagzeilen).

---

1 In Anlehnung an www.business-wissen.de.

- Nehmen Sie zunächst telefonisch Kontakt mit dem Verfasser der Meldung auf. Auch wenn Sie ihn am liebsten anbrüllen oder mit geballter Faust auf ihn losgehen möchten: Bleiben Sie möglichst sachlich und auf jeden Fall freundlich.

- Beginnen Sie das Telefonat mit Worten wie „Ich habe Ihren Bericht über unsere Praxis gelesen und bin sehr beunruhigt". Beschreiben Sie nun kurz(!) die Folgen, die der Artikel für Sie hat: „Bei uns haben heute morgen schon fünf Patienten angerufen und sind total verunsichert."

- Signalisieren Sie Bereitschaft, sich aktiv an der Klärung der Vorwürfe zu beteiligen: „Mir ist auch im Interesse der Öffentlichkeit sehr daran gelegen, die Vorwürfe schnell zu klären. Gerne möchte ich deshalb von Ihnen wissen, wie genau Sie zu den Aussagen im Bericht gekommen sind."

- Wenn Sie Glück haben, erfahren Sie nun wichtige Hintergründe, wie die Meldung zustande gekommen ist.

- Bieten Sie dem Medienvertreter ein Gespräch an, bei dem Sie ihm alle Informationen zum Fall aus Ihrer Sicht zukommen lassen.

## TIPP

Regelmäßige Präsenz ist die beste Vorbeugung für den Krisenfall. Bemühen Sie sich auch im Normalfall um ein persönliches und vertrauensvolles Verhältnis zur Lokalpresse, zu Fach- und Publikumsmedien, die von Ihren Kollegen, Multiplikatoren und Patienten gelesen werden. Versorgen Sie diese regelmäßig mit Informationen, Sie profitieren davon auch in einer Krisensituation.

# Niemand wartet gerne

Lange Wartezeiten sind für viele Patienten ein großes Ärgernis, belasten aber auch das Praxisteam. Besonders bei Allgemeinmedizinern sind die (scheinbar) unkontrollierbare Patientenanzahl und der hohe Anteil an Patienten mit Akuterkrankungen die Hauptursache für lange Wartezeiten: Einerseits nicht vorhersehbar, andererseits kaum steuerbar, denn aus vielerlei Gründen können Patienten mit akuten Erkrankungen nicht abgewiesen werden. Dadurch wird die Arbeitszeit von Arzt und Mitarbeitern zum Teil fremdbestimmt und nicht planbar. An dieser Ursache lässt sich nur wenig ändern, deshalb muss an anderer Stelle angesetzt werden.

Letztlich kann es nur durch die Regulierung der Größe des Patientenstammes gelingen, das Patientenaufkommen zu steuern. Jede Praxis, die an ihrer Kapazitätsgrenze angekommen ist, sollte hierfür eine Strategie entwickeln.

## Maßnahmen gegen lange Wartezeiten

Wie können Sie es organisieren, dass sich Wartezeiten weitgehend vermeiden lassen? Führen Sie eine nach hinten offene Sprechstunde ein, schieben Sie keine Patienten mehr „dazwischen", sondern hängen Sie sie stattdessen „hinten an"! Dieser Vorschlag stößt in der Regel zunächst auf Abwehr. Es wird befürchtet, „dann ja gar nicht mehr fertig zu werden". Ein offiziell noch für 13 Uhr vergebener Termin macht eben allzu deutlich, dass man heute wieder nicht pünktlich fertig wird. Aber der Schein trügt, denn ohne diese Maßnahme wird so lange gearbeitet, bis der letzte Patient versorgt ist.

Überprüfen und analysieren Sie die Gestaltung der Terminvergabe. Vielleicht wird schnell klar, was Sie (und/oder Ihre Mitarbeiter) tun müssen, um eine Übersicht zu bekommen, wie viele Patienten Sie pro Tag zu behandeln haben.

Grundsätzlich sollten Terminpatienten und Akutpatienten organisatorisch klar von einander getrennt werden. Patienten, die ohne Termin kommen, müssen ausdrücklich darauf hingewiesen werden, dass in der Akutsprechstunde, die sich an die normale Terminsprechstunde anschließt, *nur* die akuten Anliegen von Patienten behandelt werden können und für ein ausführliches Gespräch mit dem Arzt ein Termin vereinbart werden muss.

Natürlich wird nicht in jeder Arztpraxis das Hauptproblem der Umgang mit Akutpatienten sein. In manchen Praxen ist das Grundproblem die oft nicht angemessene Behandlungszeit pro Patient. Das heißt natürlich nicht, dass Sie sich nicht ausreichend Zeit nehmen sollen für Ihre Patienten. Lange Privatgespräche bringen jedoch den Terminplan durcheinander.

### Weitere Ursachen für lange Wartezeiten

- Verspäteter Beginn der Sprechstunde wegen unpünktlichen Erscheinens des Arztes.
- Kurz-Patienten (Spritze, Verbandwechsel u.a.m.) werden nicht geplant, sondern „schnell" drangenommen.
- Nicht-Einplanen von Pausen des Arztes am Vormittag.
- Auch für Patienten, bei denen zu erwarten ist, dass sie eine längere Behandlungszeit benötigen (neue Patienten, Eheleute mit gemeinsamen etc.), wird nur ein normaler Termin vergeben.

> **! TIPP**
>
> TIPP
>
> Sorgen Sie dafür, dass bei jeder telefonischen Terminvereinbarung auch auf diese Fakten hingewiesen wird. Fertigen Sie Informationsblätter für die Patienten an, die Sie „aktiv" mitgeben und auch im Wartezimmer auflegen. Auch auf Ihrer Homepage sollte sich Information hinsichtlich der Terminvereinbarung wieder finden!

■ Die Anwesenheit des Arztes bei bestimmten Untersuchungen wird nicht mit eingeplant.

■ Terminvereinbarung zwischen Arzt und Patient ohne Information der Arzthelferin.

■ Die für Telefonate vorgesehene Pufferzone wird nicht freigehalten.

Was können Sie noch tun? Informieren Sie Ihre (neuen) Patienten über Ihre Stoßzeiten, z.B. morgens von 8–10.30 Uhr; und abends 17–19 Uhr. Weisen Sie zusätzlich darauf hin, dass viele Patienten speziell vor Arbeitsbeginn und nach Arbeitsschluss noch einen Arztbesuch einschieben. Das bringt dann auch den besten Terminkalender durcheinander.

Informieren Sie über Tage und Uhrzeiten, an denen es eher ruhig ist. So kann der Patient sich die beste Zeit aussuchen, ihm bleiben Wartezeiten erspart (sofern er nicht dringend behandelt werden muss).[1]

---

[1] In Anlehung an die Analyse „Wartezeiten in der Arztpraxis", Martina Bertram, Forschungsgruppe Metrik. Die Arbeit entstand im Arbeitsbereich Qualitätsförderung der Abteilung Allgemeinmedizin der Medizinischen Hochschule Hannover und wurde von Priv.-Doz. Dr. med. Ferdinand M. Gerlach, heute Professor für Allgemeinmedizin an der Universität Kiel, betreut.

## Die Wartezeit so angenehm wie möglich gestalten

Meistens können Sie dem Patienten das Warten leider nicht ersparen. Muss der Patient warten, möchte er wissen, wie lange es dauert. Das sollten ihm Ihre Mitarbeiter offen und ehrlich sagen, und zwar von sich aus.

Die Aussage: „Es dauert nur noch einen Moment!" lässt den Patienten annehmen, er käme gleich dran. Nach etwa 10 Minuten beginnt dann der innere Kampf. Der Patient schaut erfahrungsgemäß auf die Uhr. Spätestens jetzt ist ihm langweilig – er sucht eine Zeitschrift und beginnt zu lesen. Muss er die zweite Zeitschrift beginnen, dauert es eindeutig zu lange. Er fragt sich:

- Aufstehen und nachfragen?
- Zum Empfang gehen und meinen Ärger loswerden? oder
- Doch noch einen weiteren Moment warten?

Irgendwann reicht es auch dem geduldigsten Patienten, und er beschwert sich aufgeregt am Empfang: „Ich glaube, Sie haben mich vergessen?!!"

Sobald es also für Ihre Mitarbeiter absehbar ist, müssen sie den Patienten informieren, dass es noch länger dauern wird als angenommen. Machen Sie diese Vorgangsweise zur festen Regel. Kommen Notfälle dazwischen, welche die Wartezeiten verlängern, dann müssen Ihre Mitarbeiter – am besten Sie persönlich – kurz in das volle Wartezimmer gehen und die Patienten informieren, auch wenn Ihnen das richtig unangenehm ist.

## Tipps für das Wartezimmer

Erinnern Sie sich und Ihr Team immer wieder daran: Für kranke Menschen, die eventuell unter Schmerzen leiden, Ängste haben und verunsichert sind, sind lange Wartezeiten anstrengend und unangenehm. Länger als maximal 20 Minuten sollte die Wartezeit daher nicht dauern.

Um den Wartenden die dennoch unvermeidbare Überbrückungszeit so angenehm wie möglich zu gestalten, können Sie einiges tun:

### Die Raumgestaltung

Im Wartezimmer sollte der Patient eine gemütliche, heimelige, aber zugleich saubere und ordentliche Atmosphäre vorfinden, in der er sich wohl fühlen und entspannen kann – in der Ängste verschwinden. Die Gestaltung muss natürlich zu Ihrer Praxis und Ihrem Corporate Design passen. Überlegen Sie – am besten gemeinsam mit Ihrem Team – wie Sie Ihren Patienten den Aufenthalt angenehmer gestalten können. Sie können auch Ihre Patienten dazu befragen – immerhin sie sind ja die Betroffenen!

*„Wer seine Patienten bei Laune halten will", heißt es in der Studie „Future Health des Zukunftsinstitutes", „der verwandelt sein Wartezimmer in eine Wohlfühllounge. Wartezimmer können sich zu Entspannungsräumen entwickeln – vor und nach der Behandlung. Dies hilft, unangenehme Wartezeiten zu überbrücken."*[2]

---

2 Quelle: Schüller/Dumont, 2004, Springer Verlag.

## Das Lesematerial

■ Stellen Sie aktuelles und interessantes Lesematerial für Ihre Patienten zur Verfügung.

■ Aussortierte Zeitschriften aus dem Privatgebrauch haben in der Praxis nichts zu suchen!

■ Stellen Sie eine interessante Auswahl für Ihre Patienten zusammen. Berücksichtigen

■ Sie, wer Ihre Patienten sind (ältere, gebildete, anderssprachige oder sehr junge Menschen; behandeln Sie vielleicht hauptsächlich Frauen oder Männer?)

Es müssen aber nicht immer nur Zeitschriften und Illustrierte sein. Hier haben Sie die Möglichkeit, Ihre Patienten über Ihr Leistungsspektrum, den gebotenen Service und Ihre Behandlungsmethoden zu informieren.

Stellen Sie einen ansprechenden Plexiglasständer ins Wartezimmer, an dem Sie Ihre Info-Folder gut sichtbar platzieren! Auch eine Wartezimmer-Mappe mit allgemeinen und aktuellen Informationen kommt sehr gut an. Hier können Sie das gesamte Team vorstellten, Leistungen detailliert beschreiben, ausführlich über Behandlungsmethoden informieren, Gesundheits-Tipps geben etc. Viele meiner Kunden haben Ihr Wartezimmer mit einer solchen Informationsmappe ausgestattet.

## Patientenaufruf

Wer kennt das Problem nicht: Immer wieder fühlen sich Patienten in der Reihenfolge übergangen, wenn jemand aufgerufen wird, der offensichtlich erst später gekommen ist? In einer Praxis, in der mehrere Ärzte tätig

sind, sollten Se daher beim Patientenaufruf umfassender informieren:
Sagen Sie dazu, für welchen Arzt der Patient aufgerufen wird:
„Herr Huber, kommen Sie bitte schon einmal mit zu Herrn Dr. Graf.“

Bei einigen Untersuchungen könnte das ebenfalls angegeben werden:
„Frau Müller, kommen Sie bitte zur Blutabnahme.“

Natürlich kann man das nur bei Untersuchungen machen, die für den
Patienten nicht in irgendeiner Form peinlich sind. Damit vermeidet man
jedoch in vielen Fällen, dass sich Patienten in der Reihenfolge übergangen fühlen.

Noch besser: Sie holen die Patienten persönlich aus dem Wartezimmer
ab. Dadurch bringen Sie eine persönliche Note in den Praxisablauf. Meist
wird durch diese unmissverständliche Aufforderung, unter anderem
durch den Augenkontakt mit dem abzuholenden Patienten, auch noch
Zeit gespart! Rückfragen bei den Mitarbeitern entfallen.

Arbeiten Sie dennoch mit einer Sprechanlage, so testen Sie von Zeit zu
Zeit Verständlichkeit und Ton der Durchsage.

# Die Praxishomepage

## Erfolgreiche Internetpräsenz

Neue Medien sind heute fester Bestandteil unseres täglichen Lebens, allen voran das Internet. Anfangs noch als „nette Spielerei" bestaunt, ist es heute auch für kleine Betriebe und Dienstleistungsunternehmen ein „Must have". Eine eigene Homepage wird von Kunden, Interessenten, der Umwelt mehr oder weniger vorausgesetzt, vor allem als Informationsmedium. Fehlt die Internetpräsenz, leidet das Image erheblich. Das gilt auch für das Unternehmen Arztpraxis!

Eine Homepage wird heute auch bei Arztpraxen vorausgesetzt. Mittlerweile informieren sich bereits rund 80 Prozent der Patienten im Internet über den Arzt. Dass dies noch nicht jedem niedergelassenen Arzt klar ist, beweisen die vielen unprofessionellen ärztlichen Internetsites. Die Mehrzahl davon ist sogar so unprofessionell entwickelt und umgesetzt, dass sie weder von (potenziellen) Patienten noch von Suchmaschinen gefunden werden kann!

Es schadet dem Image daher meist erheblich, wenn Sie es dem „Sohn eines Bekannten" oder dem „Grafiker von nebenan" überlassen, Ihre Homepage zu gestalten und umzusetzen. Hier wird eindeutig am falschen Platz gespart.

Mit Hilfe des Internets haben Sie nicht nur die Möglichkeit, eine nahezu unbegrenzte Anzahl von Patienten auf einfache Weise über Ihre Praxis zu informieren. Gerade hier ermöglicht das World Wide Web eine Arztauswahl durch Kriterien wie Positionierung der Praxis (Was unterscheidet Sie von Kollegen?), Persönlichkeit des Arztes, Qualifikation, Zusatzgebiete, Serviceangebote und alternative Behandlungsinteressen.

Und nicht zu vergessen: Mit einem Internetangebot können Sie auch eine höhere Bindung bereits bestehender Patienten erreichen! Durch zusätzliche Angebote im Internet, die geschützt nur für die Patientengruppen erreichbar sind, können zum Beispiel Termine vereinbart oder Informationen und Broschüren über verschiedene Therapiemethoden herunter geladen werden. Hier können Sie dem Patienten Hilfestellung beim Umgang mit bewilligungspflichtigen Untersuchungen oder Behandlungen, die bestimmte Vorbereitungsmaßnahmen erfordern, geben. Hier können Sie auch zuweisenden Kollegen Informationen zur Verfügung stellen, die einen schnelleren und reibungsloseren Ablauf ermöglichen.

## Umsetzung einer Praxishomepage

### Schaffen Sie die notwendige Basis

Ohne klare Praxisziele, eine aussagekräftige Positionierung und dementsprechend festgelegtes Leistungsangebot (auch Serviceleistungen) fehlt die notwendige Basis für Ihre Internetpräsenz.

### Klären Sie die Zielsetzung

Bevor Sie mit der Umsetzung Ihrer Praxishomepage beginnen, sollten Sie unbedingt die Zielsetzung für sich klären: Was wollen Sie mit der Homepage erreichen? Soll sie eine Visitenkarte im Internet sein, Imagestärkung oder Steigerung des Bekanntheitsgrades bringen? Soll sie einzelne Praxisabläufe vereinfachen, z.B. Terminvereinbarungen? Soll sie der Vertrauensbildung, der Gewinnung neuer Patienten oder der Patientenbindung dienen?

### Finden Sie einen geeigneten Domain-Namen

Der Name Ihrer Domain sollte kurz sein. Einen solchen zu finden, ist nicht immer einfach, da täglich tausende Domains registriert werden und die gewünschte oft schon vergeben ist. Welche Domains noch frei sind, kann in Österreich z.B. unter www.nic.at überprüft werden. Wichtig: Wenn Sie die Registrierung nicht selbst vornehmen, sollten Sie darauf achten, dass Sie als Eigentümer der Domain registriert werden.

### Richten Sie eigene Email-Postfächer ein

Mit einer eigenen Homepage steht Ihnen grundsätzlich auch die Möglichkeit offen, eigene Email-Postfächer einzurichten. Es empfiehlt sich, diese zu nutzen, da eine Email-Adresse mit einer eigenen Domain weit professioneller wirkt als z.B. ...@kabsi.at, oder ...@gmx.at. Abgerufen werden die Emails dann über das Standard-Emailprogramm „Outlook" oder andere Email-Programme. Achtung! Aus Sicherheitsgründen ist zu empfehlen, den Computer, mit dem Emails abgerufen werden, nicht in das Praxis-EDV-Netz mit einzubinden, es sei denn, Sie leisten sich Sicherheitslösungen wie eine Firewall.

### Stimmen Sie die Inhalte mit Ihren Praxiszielen ab

Wie Sie mit bzw. durch Ihre Homepage wahrgenommen werden, bestimmen (neben einer professionellen grafischen Gestaltung und Konzeption und technischen Ausführung) natürlich zu einem großen Teil die Inhalte. Diese müssen daher auch mit den Praxiszielen und der Zielsetzung des Internetauftritts abgestimmt werden!

Grundsätzlich kann heute aber eines festgehalten werden: Ein Internetauftritt sollte mehr als eine Online-Visitenkarte sein. Vielmehr sollte das

Medium Internet mit seinen multimedialen Möglichkeiten genutzt werden, um mit Patienten und Interessenten einen Dialog aufzubauen!

Verzichten Sie auf aufwändige technische Effekte, die auf Kosten fundierter und gut strukturierter Inhalte gehen. Drei Punkte sind auf jeden Fall zu berücksichtigen: wertvolle Informationen, Aktualität, Serviceleistungen.

Als Arzt sollten Sie Ihren Patienten die Möglichkeit bieten, Dinge bereits online erledigen oder in Erfahrung bringen zu können, z.B. Termine online abzufragen oder Informationen zur Untersuchungsvorbereitung. Links zu den örtlichen Verkehrsbetrieben oder Hinweise zu Haltestellen oder Parkplatzmöglichkeiten erleichtern Ihren Patienten den Besuch Ihrer Praxis!

### Achten Sie auf rechtliche Grundlagen

Nur die wenigsten Ärzte kennen die rechtlichen Grundlagen, die für einen Internet-Auftritt zu beachten sind. Nur jede zweite Arztpraxis entspricht diesen Anforderungen. Sind Sie bereits online, dann prüfen Sie bitte, ob Ihr Impressum den neuen lokalen gesetzlichen Vorschriften entspricht!

### Wählen Sie eine zukunftssichere, ökonomische technische Basis

Wird die Homepage nicht auf einem brauchbaren technischen Fundament aufgebaut, ist es für einen Laien fast unmöglich, Inhalte zu aktualisieren und zu ergänzen. Lässt man es machen, kostet jede kleine Änderung Geld.

Lassen Sie sich bei der Entwicklung Ihrer Homepage von Profis beraten und entscheiden Sie sich für ein brauchbares „Redaktionssystem". Solche

Systeme ermöglichen es auch Laien, Inhalte rasch und einfach zu ändern und zu ergänzen. Der Programmierer von nebenan wird Ihnen keine langfristig zufrieden stellende Lösung anbieten können. Achtung! Solche anfangs sehr kostengünstigen Lösungen werden auf die Dauer sehr teuer und wirken trotzdem nicht professionell.

## Gestaltung im Web ist mehr als nur ansprechendes Design

Auch wenn es viele Möglichkeiten und Programme gibt, Ihre Internetsite selbst zu programmieren und zu gestalten, sollten Sie diese Aufgabe Profis überlassen.

Bildchenreiche „Willkommen in meiner Praxis"-Modelle gehören der Vergangenheit an. Sie werden heute bereits von erstklassiger „Architektur" ersetzt: User sind heute professionelle Sites gewohnt.

Konzeption, Gestaltung und Erstellung müssen Hand in Hand gehen. Die optische Gestaltung muss Ihrem Corporate Design entsprechen, eine gut durchdachte Navigation soll den User schnell zur gewünschten Information führen und dann – wie von selbst – zu Informationen, die Sie den Usern zusätzlich bekannt geben möchten! Sie können die Wege, welche die User durch Ihre Homepage nehmen, aktiv steuern.

Wichtig! Druck und Web sind zwei verschiedene Paar Schuhe! Gestalter von Internetsites sollten über sehr gute Fähigkeiten im Screen-Design verfügen – Multimedia-Auftritte gehören in professionelle Hände! Idealerweise sollten Struktur und Layout ausbalanciert sein. Informationen, die im Web veröffentlicht werden, müssen auch den Regeln des Web-Standards entsprechen. Dies garantiert, dass alle Besucher Ihrer Site die gewünschte Information auch lesen können!

Beispiele aus der Praxis:

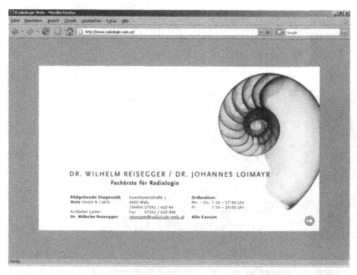

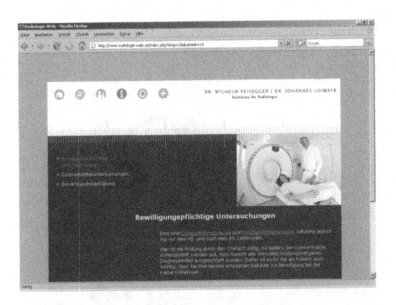

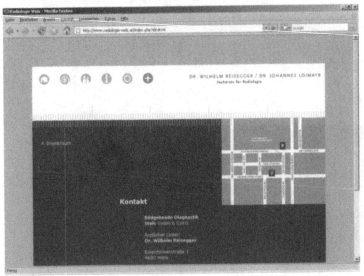

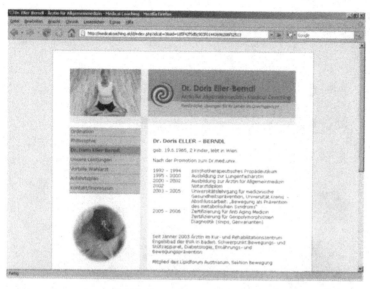

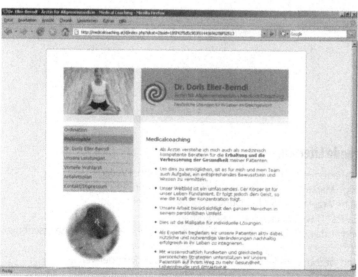

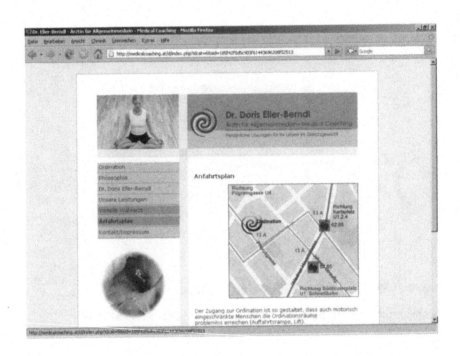

## Weiterführende Literatur

„Marketing-Management", Kotler/Bliemel, 1992, C. E. Poeschel Verlag
„Dienstleistungs-Marketing", Heribert Meffert/Manfred Bruhn, 1997, Gabler
„Die erfolgreiche Arzpraxis", Schüller/Dumont, 2004, Springer-Verlag
„Marketing-Basics", Uwe Kamenz, 2001, Luchterhand
„Positionierung – das erfolgreichste Marketing auf dem Planeten", Peter Sawtschenko, 2005, Gabal
„Marketing und Werbung in der Medizin", Frank Elste, 2004, Springer-Verlag
„Kundenorientierung mit System", Christian Homburg/Harald Werner, 1997, Campus

SpringerMedizin

Christoph Reisner, Michael Dihlmann

# [Wahl]Arzt in Österreich

Überlebensstrategien im Gesundheitssystem von morgen

2006. X, 174 Seiten. 12 Abbildungen.
Broschiert **EUR 29,90**, sFr 46,–
ISBN 978-3-211-33619-9
Edition Ärztewoche

Das Gesundheitswesen befindet sich im Umbruch. Steigende Ansprüche der Patienten stehen restriktiver Ausgabebereitschaft der öffentlichen medizinischen Versorgung gegenüber. Kurzfristige budgetorientierte „Gesundheitspolitik" macht vernünftige Reformen zum Wohle Aller beinahe unmöglich. Der Mut zu notwendigen, tiefgreifenden Veränderungen fehlt sowohl der Politik wie auch den Sozialversicherungsträgern und den Ärztekammern. Die Folge sind unzufriedene Patienten und überforderte Ärzte. Die „Zweiklassenmedizin" hat sich bereits etabliert, was die immens steigende Anzahl der Wahlärzte beweist. Die Kassenpraxis als „geschützte Werkstätte" ist passé, Patienten sind zunehmend bereit, trotz sozialer Absicherung Geld für Gesundheitsdienstleistungen auszugeben. Der niedergelassene Arzt von morgen braucht Strategien, um sich in diesem Umfeld zu behaupten. Die Autoren zeigen auf, wie man auf die Wandlung des Patienten vom Bittsteller zum selbst zahlenden Konsumenten moderner Gesundheitsleistungen reagieren kann.

# SpringerWien NewYork

P.O. Box 89, Sachsenplatz 4–6, 1201 Wien, Österreich, Fax +43.1.330 24 26, books@springer.at, **springer.at**
Haberstraße 7, 69126 Heidelberg, Deutschland, Fax +49.6221.345-4229, SDC-bookorder@springer.com, springer.com
P.O. Box 2485, Secaucus, NJ 07096-2485, USA, Fax +1.201.348-4505, service@springer-ny.com, springer.com
Preisänderungen und Irrtümer vorbehalten.

SpringerMedizin

Frank Elste

# Marketing und Werbung in der Medizin

Erfolgreiche Strategien für Praxis, Klinik und Krankenhaus

2., überarb. Aufl.
Mit Beiträgen von Katri H. Lyck, Jens Pätzold.
2007. Etwa 300 Seiten. 30 Abbildungen.
Broschiert ca. **EUR 46,–**, sFr 70,50
ISBN 978-3-211-29125-2
Erscheint Juli 2007

Erfolgreiches Marketing ist für Arztpraxen und Krankenhäuser immer wichtiger geworden. Patienten entscheiden häufiger selbst, von wem und wo sie behandelt werden möchten. Dieses Buch zeigt alle wichtigen Möglichkeiten auf, wie man Marketing und Werbung in der Medizin betreibt. Dabei richtet es sich in seiner einfach und verständlich geschriebenen Form nicht nur an Laien, sondern auch an Profis. Der Autor – selbst Arzt mit klinischer Erfahrung und Inhaber einer Werbeagentur – weiß, wie man Patienten gewinnt und worauf man im Medizinmarketing achten muss. Auf häufige Probleme und Fallstricke bei der Anwerbung von Patienten wird hingewiesen und der Leser erhält konkrete Tipps für die Vermeidung von Basisfehlern. Die zweite Auflage wurde mit einem neuen Kapitel über Internet-Marketing vervollständigt und die aktuellsten Ergebnisse aus dem Forschungsbereich Marketing und Werbung in der Medizin integriert. Somit ist es in seiner Aktualität kaum zu überbieten. Ein Standardwerk für jede Arztpraxis und Krankenhaus.

## SpringerWien NewYork

P.O. Box 89, Sachsenplatz 4–6, 1201 Wien, Österreich, Fax +43.1.330 24 26, books@springer.at, **springer.at**
Haberstraße 7, 69126 Heidelberg, Deutschland, Fax +49.6221.345-4229, SDC-bookorder@springer.com, springer.com
P.O. Box 2485, Secaucus, NJ 07096-2485, USA, Fax +1.201.348-4505, service@springer-ny.com, springer.com
Preisänderungen und Irrtümer vorbehalten.

**Springer**Medizin

Rafic N. Kuzbari, Reinhard Ammer

**Der wissenschaftliche Vortrag**

2006. X, 170 S. Mit 55 Abb., z.T. in Farbe.
Broschiert **EUR 29,90**, sFr 46,–
ISBN 978-3-211-23525-6

Der wissenschaftliche Vortrag gilt als ausgezeichnetes Instrument, um die Aufmerksamkeit auf die eigene Arbeit zu lenken. Das Handwerkszeug dazu wird kaum gelehrt, sodass öffentliche Auftritte oft mit vielen Unsicherheiten verbunden sind. Dieses Buch füllt diese Informationslücke, indem es präzise Richtlinien für das erfolgreiche und pannenfreie Halten von wissenschaftlichen Vorträgen schildert und dabei alle in diesem Zusammenhang auftretenden Fragen beantwortet.

Neben den unterschiedlichen Phasen eines Vortrages, von der Vorbereitung bis hin zur Diskussion, werden auch der effiziente Einsatz von modernen visuellen Hilfsmitteln wie etwa Grafik, Farbauswahl und Animationseffekte ausführlich und praxisbezogen geschildert. Ideal für junge Akademiker, die kurz vor ihrem ersten Kongressauftritt stehen, aber auch für erfahrene Wissenschaftler, die einzelne Aspekte ihrer Vortragstechnik verbessern wollen.

**Springer**Wien NewYork

P.O. Box 89, Sachsenplatz 4–6, 1201 Wien, Österreich, Fax +43.1.330 24 26, books@springer.at, **springer.at**
Haberstraße 7, 69126 Heidelberg, Deutschland, Fax +49.6221.345-4229, SDC-bookorder@springer.com, springer.com
P.O. Box 2485, Secaucus, NJ 07096-2485, USA, Fax +1.201.348-4505, service@springer-ny.com, springer.com
Preisänderungen und Irrtümer vorbehalten.

**Springer**Medizin

Marcus Müllner

# Erfolgreich wissenschaftlich arbeiten in der Klinik

Evidence Based Medicine

2., überarb. u. erw. Aufl.
2005. XVII, 279 Seiten. 31 Abbildungen.
Broschiert **EUR 44,80**, sFr 69,–
ISBN 978-3-211-21255-4

Dieses Buch liefert praxisbezogenes Wissen zur Planung, Durchführung und Interpretation von klinischen Studien und richtet sich an alle Personen, die eine wissenschaftliche Karriere beschreiten wollen oder an Evidence Based Medicine interessiert sind. Dem Leser wird didaktisch eindrucksvoll vermittelt wie z.B. Studienprotokolle richtig erstellt werden, welche statistische Auswertung wofür verwendet wird oder wie wissenschaftliche Studien anderer kritisch gelesen oder hinterfragt werden können. Wichtige Fragen und Punkte werden dabei anhand von praxisrelevanten Beispielen ausführlich behandelt. Die zweite Auflage wurde völlig neu überarbeitet und mehrere neue Kapitel sind dazugekommen. Unter anderem werden nun auch Analyse und Interpretation von Beobachtungsstudien, Good Clinical Practice, Messung von Lebensqualität, Randomisierungsformen (z.B. cross-over und faktorielles Design) und Wissenschaftstheorie beschrieben. Außerdem gibt es noch mehr anschauliche Fallstudien.

## SpringerWien NewYork

P.O. Box 89, Sachsenplatz 4–6, 1201 Wien, Österreich, Fax +43.1.330 24 26, books@springer.at, **springer.at**
Haberstraße 7, 69126 Heidelberg, Deutschland, Fax +49.6221.345-4229, SDC-bookorder@springer.com, springer.com
P.O. Box 2485, Secaucus, NJ 07096-2485, USA, Fax +1.201.348-4505, service@springer-ny.com, springer.com
Preisänderungen und Irrtümer vorbehalten.